Concha Calleja

O·B·J·E·T·I·V·O
MICHAEL JACKSON

LA CONSPIRACIÓN PARA ACABAR
CON EL REY DEL POP

© Concha Calleja, 2019
© Arcopress, S. L., 2019

Primera edición: julio, 2019

Reservados todos los derechos. «No está permitida la reproducción total o parcial de este libro, ni su tratamiento informático, ni la transmisión de ninguna forma o por cualquier medio, ya sea mecánico, electrónico, por fotocopia, por registro u otros métodos, sin el permiso previo y por escrito de los titulares del *copyright*».

Cualquier forma de reproducción, distribución, comunicación pública o transformación de esta obra solo puede ser realizada con la autorización de sus titulares, salvo excepción prevista por la ley. Diríjase a CEDRO (Centro Español de Derechos Reprográficos, www.cedro.org) si necesita fotocopiar o escanear algún fragmento de esta obra.

Sociedad actual • Editorial Arcopress
Directora editorial: Isabel Blasco
Diseño, maquetación y documentación gráfica: Fernando de Miguel

Imprime: Black Print
ISBN: 978-84-17828-15-8
Depósito Legal: CO-1115-2019
Hecho e impreso en España - *Made and printed in Spain*

Siempre, al lector comprometido
«El mejor regalo, la verdad»

ÍNDICE

La noticia 13
EL AGUIJÓN 15
THRILLER 19
EL ESCENARIO 27
    Los hechos: Jackson se duerme por última vez 27
    Así encontró la muerte a Michael Jackson 42
REMEMBER THE TIME 61
EL PERFIL 69
    Tan famoso que no lo conoce nadie 69
    El perfil psicológico de Michael Jackson 85
BAD 95
EL DESPRESTIGIO 101
    Caso Michael Jackson 101
    FBI, investigación federal 111
    Juicio a Jackson por abuso de menores 113
    El documental que mece la cuna 121
WE ARE THE WORLD 125
EL OBJETIVO 131
    Sus miedos y amenazas 131
    Los focos sobre el artista 150
    El negocio de la muerte de Michael Jackson 154
    El activismo de Jackson 169
BLACK OR WHITE 177
LA INVESTIGACIÓN 181
    Dos autopsias para Jackson 181
    La investigación 195
    El ataúd dorado 205
    El juicio contra Murray 210
    Caso cerrado. O no 233
PARA IR TERMINANDO 241

Y MÁS… 247
    Mis referencias 247
    Así escribo 248

La noticia

100 de Carolwood Drive, Los Ángeles.

— Hombre: Necesito una ambulancia tan pronto como sea posible. Necesita ayuda, no respira, intentamos reanimarlo, pero no responde. Tenemos aquí a un doctor personal junto a él, pero no responde a nada, tampoco a la reanimación cardiopulmonar. Está sobre la cama, es un hombre de 50 años.

— 911: No se preocupe, estamos en camino. ¿Alguien más vio lo que ha ocurrido?

— Hombre: No señor, solo el médico. El médico es el único que ha visto lo que ha sucedido.

EL AGUIJÓN

Siento fastidiarle el momento. Lo digo en serio. Sin embargo, voy a decirlo igualmente.

Este se ha convertido en uno de mis trabajos más duros. Me he sentido aguijoneada como nunca. He accedido a material inédito —como podrá comprobar si seguimos juntos a lo largo de estas páginas—, y he obtenido algunos testimonios sinceros que agradezco más que nunca. Pero otros, esos otros de los que le hablo ahora, son los que han puesto mi paciencia al límite. Cuando he contactado con ellos y les he dicho lo que investigaba y para qué lo hacía, me he encontrado con una historia de tal frenesí deshonesto y manipulador que me ha costado reprimir mi rabia en muchos momentos. Me he encontrado en demasiadas ocasiones con el fantasma de los beneficios que han ensombrecido todo aquello que debía ser veraz y prudente. La mayor parte de la información que me dieron fue egoísta por decir algo, o nula si no había *money* por en medio. La verdad no interesa, interesa más lo que se pueda sacar por ella. La ignorancia prevalece.

Y digo esto porque lo siento relevante. Con los años me parece cada vez más inútil mentir; lo veo como una pérdida de tiempo.

A la izquierda, Michael Jackson en escena, en la gira Bad World Tour *(1987-89)*

Sin embargo, todo esto me ha servido, y mucho. En la negación de muchas informaciones, en la nulidad de muchas entrevistas porque no había nada a cambio, he tenido la gran oportunidad de vivir en primera persona con quienes se movía Michael Jackson y en los escenarios en los que lo hacía. Doloroso, sí, pero en este caso, veraz.

Y tengo que decir, aunque llena de frustración en lo que se refiere al nivel humano, que en el tema documental he salido más que satisfecha. Con obstáculos incluidos, he reunido el mayor número de documentos que estarán a su alcance; no todos, pero sí los suficientes.

En resumidas cuentas, he trabajado todo lo que he podido y me han dejado. En cuanto a los que sí han hablado, si a alguien le molesta y quiere saber si es este o aquel, voy a negárselo.

Y vaya de antemano que este libro no cuenta la vida y obras de Michael Jackson. Yo no soy autoridad para ello. Este libro quiere ser una historia muy parcial de las diferentes opciones y causas que provocaron la prematura muerte del Rey del Pop, y si esta fue como nos contaron. Es, pues, una pequeña gran historia de investigación, según se mire. Me voy a ceñir a los hechos, y los miraré con lupa, alejándome expresamente de las vistas generales que pueden distorsionar el propósito fundamental de poder descubrir si hay algo oculto entre los datos. Y comentaré, faltaría más, pero le dejaré a usted las riendas cada vez que quiera.

Yo no pienso influir en la opinión del lector, pero sí explicarle qué circunstancias rodean la muerte de Michael Jackson y sus últimos momentos antes de agonizar en una anónima cama de una mansión alquilada en el centro de Los Ángeles.

Queda dicho. Y tengo la esperanza de que el resultado sea lo más parecido a como sucedieron los acontecimientos en la realidad. Ahora bien, antes de tomar decisiones precipitadas, antes de dar por cierto o incierto esto o aquello, hágame un favor: póngalo en cuarentena.

A la derecha, Michael Jackson en una imagen del vídeo **Dirty Diana**, *de su álbum* **Bad** (1988)

THRILLER

Se suele emplear la expresión «sumergirse en una investigación». Y doy fe de lo apropiado que puede resultar ese conjunto de palabras. En mi caso, y, de entrada, porque la documentación se va acumulando, las carpetas se van adueñando del estudio, van alzándose como montañas y le puedo asegurar que a veces acabo pidiendo permiso a ese monstruo de documentos, certificados, autopsias, licencias, contratos, declaraciones, sumarios judiciales, etc., para que me deje un hueco y poder seguir escribiendo en mi puesto de escritura.

En esta ocasión, yo ya temía que la cosa se desbordara más de lo habitual, dada la envergadura del personaje a tratar. En Michael Jackson todo resultó desmesurado, sin límites, todo en él rompió las barreras conocidas hasta entonces. Así que era de esperar que, si me metía en un trabajo exclusivo sobre él, la documentación adquiriera proporciones desconocidas por mí hasta entonces. Más aún que en los monográficos que les he dedicado a los Alba o a Diana de Gales, por ejemplo, y a algunas otras labores que me mantienen ahora en la investigación y que en un tiempo daré a conocer. Pero lo de Jackson ha ido más allá de todo, repito. Las

A la izquierda, y en páginas siguientes de este capítulo, fotogramas del vídeo Thriller *(1982)*

sesiones de los juicios. Los contratos. Los asuntos legales relacionados con seguros y pólizas. Los dosieres de prensa. Los estudios de perfil psicológico. He traído una muestra de todo ello a estas páginas porque sé la atracción que ejerce y la importancia documental que revisten.

Lo que usted lee ahora es el resultado final de muchos meses, muchos, que sumados se van más allá del año, de investigación, comparación, viaje, estudio, análisis... He condensado en estas páginas un trabajo que se ha ido esparciendo incluso por la pared, donde mis pizarras han sido tomadas por los esquemas, los nombres propios y los puntos destacados de una vida oceánica, la del Rey del Pop. Y a medida que transcurría la tarea y yo iba quedando más y más adentro de ese laberinto de documentación, me fui dando cuenta de que una parte importante de la labor sería la de sentir cómo fue la vida del artista. Porque para entender a Jackson y para situarme en el punto exacto que me permitiera investigar si él fue un objetivo, tal y como reza el título de este libro, tenía que ver las cosas desde varios puntos de vista. Así que he procurado ver a través de la prensa, del fan, del promotor, del abogado, del médico, de la familia de Jackson, de sus productores, de sus amigos, de las personas que lo acusaron de abuso sexual... Pero me faltaba un punto de vista esencial: el de Michael Jackson. Y más allá de sus «confesiones» en el libro *Moonwalk*, del que después le hablaré, me di cuenta de que, si había un modo de ver las cosas como las veía Michael, de que si existía una manera de colocar la narración en su punto de vista, no era otro que a través de su música. Sus canciones. Su creación. Su arte. Michael Jackson no solo fue un cantante o un bailarín, fue un músico integral, compositor, letrista que concebía un espectáculo como un todo y una canción como una joya que pulir y pulir hasta que no se pudiese mejorar más. En ese sentido, yo creo que se parecía a los poetas, que siguen limando sus versos hasta que no queda más que lo puro. Y esto me cuadra por completo con su espíritu perfeccionista, del que daré cuenta en el capítulo destinado a hablar del perfil psicológico del artista.

A partir de esta consideración, decidí comprender al personaje, saber por qué ese niño en un cuerpo de hombre seguía creando, qué lo impulsaba. Y lo hice escuchando su música de continuo, a medida que trabajaba. Y también deteniéndome a analizar sus videos musicales, muchos de ellos verdaderas obras acabadas y redondas, y casi todos, fenómenos mediáticos en su momento, innovadores y rompedores. Algunos, incluyendo la última tecnología de su tiempo y proponiendo nuevos moldes y modos de consumo y disfrute de la música. Ha sido un modo también de no perder de vista al personaje que el gran público ha percibido y conocido. Jackson ha sido, cómo no, el de los juicios, los problemas económicos, las acusaciones, las controversias, el que muestra al bebé desde el balcón, el que se tapaba el rostro... Pero también fue, y a menudo se olvida, el de *Thriller, Bad, We are the World, Billie Jean, Black or White, Dangerous, Beat it, Remember the Time*, el del paso del *Moonwalker*, del que podríamos largo y tendido hablar porque contiene su polémica...

De modo que llegó un punto en estos meses de trabajo en que me vi haciendo pausas y recreándome en sus videos musicales. Mi costumbre de tener siempre la libreta de notas al lado hizo el resto, porque ni siquiera en esos momentos supuestamente de asueto dejaron de acudir a mí ideas y anotaciones. Y me di cuenta de que aquello también debía formar parte del libro, máxime cuando el propio índice con el que fui estructurando todo el material me daba pie a identificar cada uno de los capítulos con uno de los grandes temas musicales de Jackson.

De todas esas notas, aquí he ido alumbrando una entrada a cada una de las secciones. Creo que todas ellas están enlazadas por contenido con el capítulo, ojalá usted lo juzgue también igual de oportuno. Y como en otros órdenes de la vida de Michael, me ha resultado tentador el documentarme más aún acerca de cómo se crearon estas canciones y estos videos, porque también eso perteneció a las circunstancias del artista, a su devenir, y por encima de toda otra consideración, permite tener una visión completa de la cara y la cruz de las andanzas de Jackson. Puesto que vamos a ver las dos caras de esa moneda suya, contemplémoslas bailando, que quizá era el estado natural de Michael.

He escogido el vídeo de *Thriller* para acompañar al primero de los capítulos en primer lugar, porque no hay duda alguna de que se trata del vídeo con el que su carrera se elevó a cotas inimaginables. *Thriller* rompe con todo, supone un cambio de era en la música, en la industria, en el propio concepto del vídeo musical y, claro está, en la biografía de nuestro protagonista.

Por cierto, uno más de los rumores que se difundieron respecto a *Thriller* es que los siete primeros dígitos del número de serie del disco eran, en realidad, el número de teléfono del artista. No era cierto, evidentemente, pero miles de personas hicieron el intento de llamar, por si al otro lado del auricular contestaba Michael.

Jackson encabeza el vídeo con un mensaje que dice lo siguiente: «Debido a mis fuertes convicciones personales, deseo enfatizar que esta película de ninguna manera respalda la creencia en lo oculto». ¿A qué creencias se refiere? Parece que pudiera ser un influjo de su madre, Katherine Jackson, apegada a los Testigos de Jehová.

A día de hoy, los efectos de la caracterización están más que superados, pero imagine lo que supuso aquel 2 de diciembre de 1983 el estreno de este vídeo musical en el que, en medio de un plácido paseo nocturno en pareja, un joven e inocente Michael Jackson se convierte en hombre lobo. Primero, los ojos amarillos, los dientes desproporcionados y la oreja, que vimos crecer y volverse apuntada, lobuna. Le crecen las garras, las uñas salen de los dedos y se transforman en las zarpas de un temible depredador. Jackson acaba convertido en un licántropo con chaqueta de instituto de secundaria estadounidense, aullando bajo la noche de terror. Y se lanza a la caza de la chica.

No puedo evitar, viendo el vídeo ahora, pensar que constituye una alegoría casi perfecta de lo que ocurrió con el propio Michael y con su imagen. Porque, en efecto, y como iremos viendo, de ser

un niño prodigio que bailaba como nadie, pasó a ser un jovencito que desprendía un halo de inocencia y ternura. Parecía la encarnación de la dulzura, no podía venir nada malo de él. El público le adoraba, la industria musical bendecía cada paso que daba y las marcas de publicidad hacían cola para que él anunciase sus productos. Y de ahí, como en *Thriller*, el tiempo ejerció sobre la imagen que se tenía de él un influjo lunático y negativo. Es una metáfora perfecta: a Michael Jackson se le fue deteriorando su imagen y, de ser visto como un hijo modelo pasó a tener el marchamo de un depredador. Después analizaré qué relación existe entre el trato dispensado por los medios de comunicación y la forma en la que fueron informando sobre todo lo que le ocurría a Michael de cara a modelar un concepto público sobre él. Pero del mismo modo que *Thriller* alteró su dimensión artística —para bien, en este caso—, en la vida real, cuando su imagen se resquebrajó, acaso lo hizo para siempre. Ya me detendré en cuáles son esos pasos y en qué momentos clave se dan.

La fascinación que el propio artista sintió por la idea de ser un monstruo, de encarnar al personaje terrorífico, queda documentada cuando el director John Landis cuenta cómo Michael lo llamó para decirle que estaba impresionado por la transformación que acababa de ver en la película *Un hombre lobo americano en Londres* y que deseaba hacer algo en lo que él quedara convertido en monstruo en la pantalla. Es interesante esa atracción, muy propia, en efecto, de un niño: que teme la película de terror, pero es incapaz

de dejar de verla y que incluso se siente atraído por ella mientras come palomitas en el cine.

Por otro lado, cuando repaso los datos de las autopsias —sí, en plural, no fueron una sino dos— del cuerpo del cantante, e intento comprender el alcance de lo deteriorado que estaba, no puedo evitar pensar en el zombie en que se caracterizó en la parte final del vídeo. Me da la sensación de que Jackson ya convivía con la muerte antes del 25 de junio de 2009, mucho antes. Y que, aun así, pretendió seguir bailando, actuando, marcándose nuevas coreografías...

Estudio el caso de Michael Jackson, su auge, caída y muerte, y pienso que la voz que debería narrar todo lo suyo convendría que fuese doble: por un lado, el tono dulce de Michael, que hablaba meciendo las palabras, y por otro, la cavernosa, honda y terrorífica voz de Vincent Price, el magnífico actor que narró el vídeo de *Thriller*. Este es solo el primer apunte de un relato en el que vida y obra van a ir quedando entrelazadas cada vez más íntimamente. Así, al menos, lo he percibido yo a medida que he ido desentrañando las claves de por qué Jackson murió como murió.

EL ESCENARIO

Los hechos: Jackson se duerme por última vez

> **Los hechos**
> *La mañana del 25 de junio, Jackson dejó de respirar. Fue el mismo médico quien intentó reanimarlo. Pasaron dos horas hasta que pidió ayuda a los agentes de seguridad. Ingresó en el Ronald Reagan UCLA Medical Center y se dijo que estaba en coma, aunque realmente ya estaba muerto. Cuando llegó su madre, Katherine Jackson, se declaró su muerte de forma oficial.*

Jueves, 25 de junio de 2009: el médico de Michael Jackson entra en su habitación y lo encuentra sin respirar. Su pulso es apenas detectable. Horas más tarde se declara su muerte en el Ronald Reagan UCLA Medical Center y la noticia da la vuelta al mundo. Michael Jackson ha muerto, y los cimientos informativos se estremecen ante el abrupto y temprano final del artista. Quiero

A la izquierda, el dormitorio de la mansión alquilada del 100 de Carolwood Drive, Los Ángeles en el que murió el cantante (Foto del Departamento de Policía de Los Ángeles)

contarle cómo se llega a ese fatídico momento, así que atrase conmigo el reloj unas cuantas horas, hasta la jornada anterior, la del miércoles 24 de junio.

Jackson era un hombre perfeccionista hasta límites inimaginables. Ensayaba todo una y otra vez hasta que consideraba que el trabajo ya no se podía mejorar. Y es en lo que andaba en ese comienzo de verano cuando, a pesar de que su cuerpo le exigía parar y le daba señales cada vez más acuciantes para que se ocupara de él y descansase, él prolongaba los ensayos durante cinco horas cada día. No podía hacerlo de otro modo —según su manera de pensar y de trabajar—, si quería que la siguiente gira estuviese a punto. Había firmado con la promotora AEG una serie de conciertos, después le explicaré cómo y de qué forma, y la fecha señalada en el horizonte era la del 13 de julio, cuando el O2 Arena de Londres descubriría las nuevas maravillas sobre el escenario, en el marco de una serie titulada *This is it*. La verdad es que los allegados a Jackson sabían desde hacía décadas de su obsesión por estar preparado al cien por cien, sin escatimar ni un átomo de su cuerpo ni un solo esfuerzo. Y así es como, a finales de aquel mes de junio, Michael se encontraba al límite asistiendo a ensayos oficiales, horas de ensayo de baile particulares y las prácticas de voz que intercalaba entre medias. Y así un día y otro día, sin descanso. Le digo que el artista acababa tan agotado después de sus sesiones que, al finalizar cada jornada, el doctor lo tumbaba, le inyectaba una solución salina para mantenerlo hidratado, y le suministraba oxígeno para apoyar la recuperación. No puedo entender que dejen a una persona llegar a tal tipo de extenuación. Lo veo inhumano. Imagine el estado en el que quedaba Jackson después de todos estos procesos continuos, hasta el punto de que perdía totalmente el sueño. Incapaz de cerrar los ojos por sí mismo y dormirse, incapaz de descansar adecuadamente, sin conseguir relajarse, el artista no conocía el descanso. Lo estrujaron.

Resulta un espanto. Todo esto se había convertido al cabo de las semanas en una rueda infernal, en un círculo vicioso de cansancio, desgaste y ansiedad. Y él va cayendo cada vez más profundo en este pozo que no parece tener fondo y que constituye una auténtica tortura. Sí, es innegable que en otro tiempo y en plenitud de facultades, él habría soportado sin mayor problema una agenda como la que describo; pero no esta vez, ya no. Es importante, de cara a comprender el motivo por el que todo ocurre como ocurre durante esa última fatídica noche, que entendamos que el hombre que se enfrentó a ese infierno era alguien ya muy castigado. Pero ¿podría haberse salvado o es que no hubo otra escapatoria para él?

No deseo adelantar acontecimientos, no es esa mi intención. Primero es mejor que analicemos cómo fueron las horas de aquella noche, que por sí solas parecen constituir las notas para el guion de una película de terror. Para una película o para el mismísimo vídeo *Thriller*, que a pesar de su fama y de su impacto mundial quizá se quede corto en comparación con los hechos que se fueron concatenando en esta madrugada fatal.

La última noche

Como todos los días, Jackson ensayó tres horas de baile y una de voz antes de partir a los ensayos oficiales. Cuando volvió, siguió el patrón de siempre, y su médico le suministró una solución salina para hidratarle, y oxígeno.

Nos encontramos con un Michael Jackson roto, tomado por el agotamiento más profundo y que, a consecuencia de ello, ni siquiera puede dormir. Y comienza el baile. El último de sus bailes. El baile con la muerte. Diez minutos después de la medianoche, el doctor Conrad Robert Murray, a sueldo del artista, es reclamado por teléfono para que acuda a su mansión alquilada y anónima en Bel-Air, y se prepara para tratarlo después de la jornada de ensayos. Del doctor en sí se podría escribir un libro, como ya le contaré después. Por ahora, quedémonos con que llega a la una de la madrugada y que, a la 01:05 am, Michael sale de la ducha y se dispone a recibir una crema dermatológica por parte del galeno. Con esto se pretende que alcance cierto nivel de relajación que propicie el descanso. Pero poco más de media hora después, a las 1:40 am, Murray administra oralmente la primera de la larga lista de sustancias que harán su aparición esta noche: son diez miligramos de Valium. Se trata de un tipo de benzodiazepina que tiene como misión la de aliviar la ansiedad de carácter leve o moderado y la tensión, así como la de relajar el tono muscular. Cuente con que todas las horas que expongo siguen la hora local de Los Ángeles.

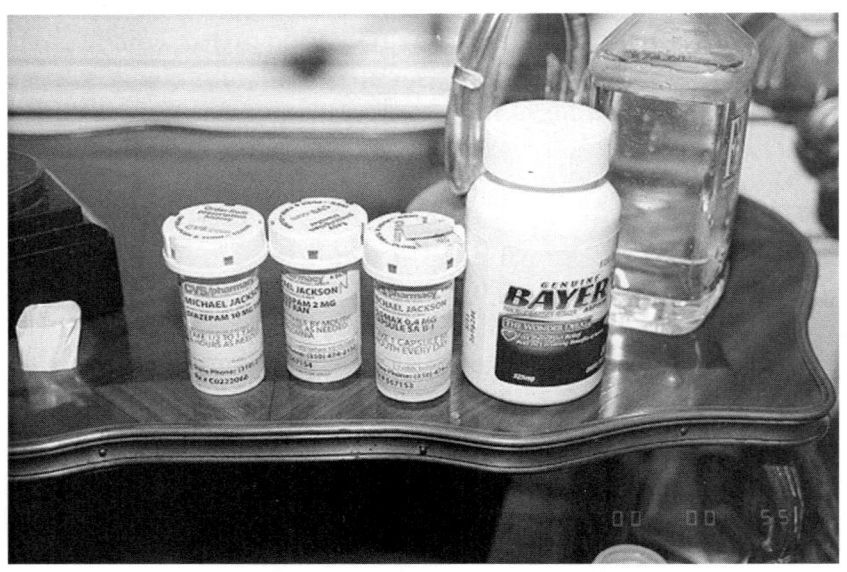

Imágenes del dormitorio de la vivienda del 100 de Carolwood Drive, Los Ángeles, en el que murió el cantante. Arriba, medicinas sobre la mesilla de noche. En la página siguiente un lateral del dormitorio con bombonas de oxígeno y un gotero. (Fotos del Departamento de Policía de Los Ángeles)

Pasan los minutos y, a las 2:00 am, parece que el cuerpo de Michael sigue sin dar señales de ponerse en disposición de alcanzar su ansiado sueño. Así que Murray da el siguiente paso y administra, a través de una vía que le tiene abierta en la pierna —concretamente en su ingle izquierda—, dos miligramos de Ativan, que es un lorazepan, otra benzodiazepina que actúa sobre los procesos químicos que tienen lugar en el cerebro y que se ocupa de los trastornos de ansiedad. En la vía de la pierna, por cierto, es también por donde el doctor le está suministrando el goteo de sales para rehidratarlo.

El reloj continúa imparable, pasan los minutos, la noche se estanca y Michael Jackson sigue en plena actividad, sin conseguir resultados. El sueño no comparece y Murray decide ir más allá: a través de la vía, administra dos miligramos de Versed, midalozam, una benzodiazepina sedativa que supera lo anterior, porque se suele utilizar cuando un paciente se va a someter a una cirugía menor, como puede ser el caso de un procedimiento dental. Y añade más solución salina. Como ve, la apuesta del médico va subiendo a medida que no consigue resultados. En medio de este duelo entre las sustancias y el sueño se encuentra el cuerpo de

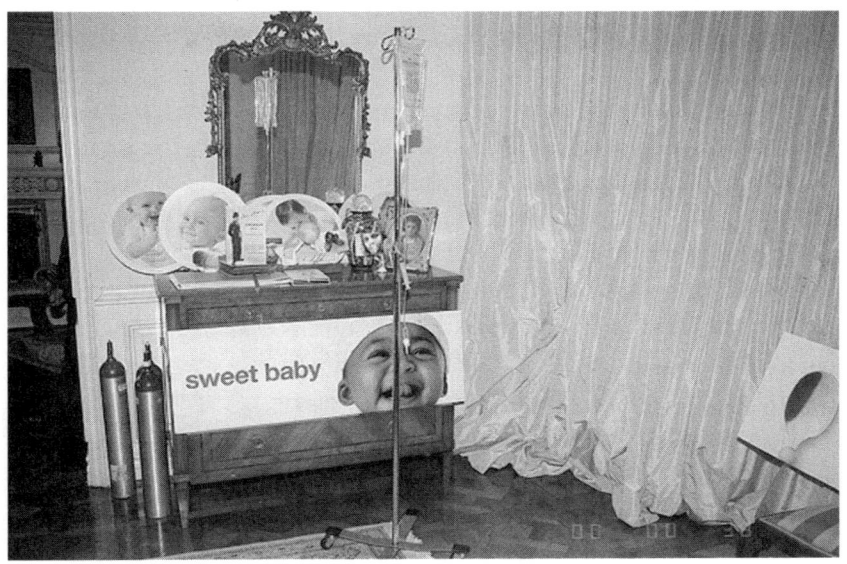

Jackson, como un terreno de batalla sobre el que van cayendo todas las bombas. Y atención, porque por primera vez parece que los ojos del artista se cierran con cierta esperanza. Se ha dormido.

Y, sin embargo, a pesar de todos los esfuerzos y de la aparente victoria, Murray no lo ha conseguido. Porque el efecto de este sueño que tanto ha costado, apenas se prolonga durante unos minutos. A las 3:15 am Michael regresa a la vigilia. Se despierta. Y en esta ocasión implora algo más fuerte, algo más contundente, y admite que no puede continuar así ni un minuto más.

En lo que sabemos de esa noche se abre un paréntesis de algo más de noventa minutos. Es un tiempo lento, doloroso, en el que imagino que ambos debieron pensar que no amanecería jamás. Y el siguiente paso se da a las cinco menos diez, cuando, a través de la vía, Murray inyecta dos miligramos de Ativan, ese lorazepam con el que espera acertar de una vez por todas. Pero tampoco es esta vez. No se produce el efecto deseado y cuando dan las cinco y media ocurre algo muy significativo, a tenor de ese carácter perfeccionista con el trabajo y los ensayos que conocemos del cantante; y es que Jackson a esa hora admite su incapacidad y anuncia que va a cancelar los ensayos del día siguiente porque se encuentra incapaz de afrontarlos. Su estado debe de ser ya extremo para que alguien como él, espartano en sus planteamientos antes de una gira y que había llevado su cuerpo hasta esos límites, se apee de su postura inicial y admita que está desbordado y que no puede más.

La mañana llega, pero, aunque amanece, Jackson se encuentra en una noche negra sin final. A las siete y media recibe una nueva dosis de midazolam: dos miligramos de Versed, concretamente, pero el poderoso ansiolítico, relajante y con propiedades sedativas, no funciona.

Son las diez de la mañana. Michael Jackson continúa despierto. Y aunque ya sabe que no se levantará a las doce para ir a los ensayos, pide «leche». Pide su leche. ¿Sabe a qué se refiere? Se trata del Diprivan, del famoso propofol. Este agente anestésico es usado para inducir a la anestesia general a pacientes adultos y pediátricos de más de tres años, así como en el mantenimiento de la anestesia general, para la sedación en las Unidades de Cuidados Intensivos o en los procedimientos diagnósticos, como las endoscopias. Su aspecto es lechoso, y de ahí que el artista se refiriera a él como su «leche». Me queda muy claro, de antemano, que el hecho de que él lo llame de esa forma es señal de una familiaridad con el producto que viene de atrás.

A las 10:40 am, Murray inyecta a su paciente veinticinco miligramos de propofol con lidocaína, un fármaco que actúa como anestésico local. A las 10:50 am, ya se ha quedado dormido. Ha costado toda una noche y un arsenal de sustancias que se duerma, pero por muy difícil que haya resultado, peor será despertarlo, algo que no se conseguirá.

Es interesante saber que en estos momentos Jackson duerme sin roncar, algo contrario a su costumbre. Murray le toma las constantes y comprueba que se encuentra en setenta pulsaciones por minuto.

Sin sospechar lo que está a punto de ocurrir, a las 11.05 de la mañana Conrad Murray se marcha al baño. Será su último instante de tranquilidad porque, al regresar, se percata de que Jackson no está respirando y de que las pulsaciones han subido hasta ciento veintidós por minuto. De inmediato procede a aplicarle una reanimación cardiorrespiratoria. En el boca a boca comprueba que el aire llega a los pulmones y que se produce el intercambio, pero que, por su cuenta, no respira. A las 11.20 am, Murray llama al asistente personal de Jackson, Michael Amir Williams, para que envíe con urgencia a los servicios de seguridad. El corazón sigue latiendo, pero el pecho parece incapaz de sostener la respiración por sí mismo. A las once y veinticinco, Murray le levanta las piernas para forzar el corazón y la respiración, pero no hay respuesta.

A las 11:27 am el médico intenta anular el efecto de esa amalgama de sedantes que ha ido suministrando desde hace horas y le inyecta a Michael 0'2 miligramos de flumazenil. Se trata de una sustancia contraria a las benzodiazepinas que se emplea para bloquear el efecto de las mismas. Dos minutos más tarde, Murray baja las escaleras y en la cocina se encuentra con Kai Chase, la chef, a la que urge a contactar con seguridad y le comunica que hay una emergencia. El antídoto no ha funcionado.

A las 11:30 am llega Alberto Alvarez, el director de logística de Jackson, y Murray le pide que llame a emergencias. Después de esto, continúa administrándole masajes e intentando reanimarlo con la esperanza de ayudarlo a retomar las constantes vitales. Esto lo hace en la cama.

Así le llegó la muerte

Jackson agonizó durante horas en el interior de su gran mansión alquilada, y sufrió un paro cardiorespiratorio.

Es a las 12:20 pm, pasado el mediodía, cuando el operador de emergencias recibe una llamada de Alvarez, que está junto a Murray, y que le comunica que tiene un paciente de unos cincuenta años que no respira. No facilita más datos sobre la identidad de la persona a la que hay que atender. A las 12.30 pm llega la ambulancia, y es entonces cuando Michael es intubado, sin respiración y sin actividad de pulso, razón por la que no actúan con el desfibrilador. Lo trasladan al Ronald Reagan UCLA Medical Center. Murray sigue acompañando a su paciente en todo momento. En el trayecto, Jackson recibe reanimación cardiorrespiratoria, así como una nueva oleada de sustancias: atropina, adrenalina, bicarbonato... El personal sanitario se sorprende al reconocer a Jackson porque, como ya le dije antes, en la llamada a emergencias ni Alvarez, ni Murray desvelan su identidad. Imagino la sorpresa de ese personal, que a media mañana de aquel jueves se vio luchando de repente por la vida de una de las personas más conocidas en todo el mundo.

A las 13:14 pm ya se encuentran en el hospital y, durante la hora siguiente harán todo lo posible por reanimarlo. Pero la muerte no lo dejaría escapar. A las 14:26 es declarada la hora de la defunción, y Conrad Murray, después veremos por qué, recomienda que se le practique la autopsia, ya que él declara desconocer la causa de la muerte. Y es por esto por lo que no firma el certificado de defunción. En el capítulo correspondiente le ofreceré un relato exhaustivo de lo que dicen las dos autopsias que se le practicaron al cadáver y le diré, además, por qué fueron dos y no una.

Michael Jackson ha muerto. Pero ¿por qué ha ocurrido? ¿Qué hay detrás de estos terribles sucesos que aquí hemos rememorado de manera tan cruda? ¿Hay algo más? Ya lo creo que sí.

Aquí le dejo un recuadro por si desea analizar los hechos.

Timing del suceso:

— 12:10 am: *El secretario de MJ llama a Murray para que vaya a casa de MJ, donde Murray suele pasar la noche (como normalmente, excepto los domingos, que libra).*

— 1:00 am: *Murray llega a casa de MJ y espera a que vuelva de los ensayos.*

— 1:05 am: *llega MJ, se ducha, y Murray le aplica una crema dermatológica.*

— 1:40 am: *Murray le da Valium (10 mg) oralmente.*

— 2:00 am: *Murray le da 2 mg de Ativan (lorazepan) con jeringuilla a través del vial que tiene enganchado en la pierna (que también tiene el goteo de sales).*

— 3:00 am: *Murray le da 2 mg de Versed (midazolam) con jeringuilla.*

— 3:00-3:15 am: *MJ duerme.*

— 3:15 am: *MJ se despierta y le pide que le dé algo más fuerte.*

— 4:50 am: *Murray le da 2 mg de Ativan (lorazepan) por jeringuilla.*

— 5:30 am: *MJ le dice a Murray que va a cancelar los ensayos del día.*

— 7:30 am: *Murray le da 2 mg de Versed (midazolam).*
— 10:00 am: *MJ sigue despierto y le pide que le dé «leche», que quiere dormir algo, aunque anuncia que no se levantará a las 12:00 para los ensayos.*
— 10:40 am: *Murray le inyecta 25 mg de propofol (Diprivan «leche») con lidocaina.*
— 10:50 am: *MJ está dormido sin roncar (él solía roncar); Murray controla sus constantes, que están bien (70 de ritmo cardiaco).*
— 11:05 am: *Murray se va al baño a hacer pis.*
— 11:08 am: *Murray vuelve del baño y se da cuenta de que MJ no respira (122 de ritmo cardiaco) y aplica CPR y respiración boca a boca. Nota que el aire que él le insufla llena sus pulmones, pero no respira. MJ sigue en la cama.*
— 11:20 am: *Murray llama al secretario, Amir, y le dice que envíe a seguridad a la habitación de MJ inmediatamente.*
— 11:25 am: *MJ no tiene pulso y Murray le eleva las piernas para forzar al corazón.*
— 11:27 am: *Murray le inyecta 0,2 mg de flumazenil para contrarrestar las anteriores drogas.*
— 11:29 am: *Murray baja las escaleras hacia la cocina, ve a la cocinera Rosa y le dice que hay una emergencia y que avise a Seguridad inmediatamente.*
— 11:30 am: *Llega el de Seguridad (Alvarez) y Murray le dice que llame al 911.*
— 11:30 am: *Murray sigue con sus masajes, pero deja a MJ en el suelo (desde la cama) porque es una superficie más rígida.*
— 12:20 am: *El operador del 911 está escuchando y Murray dice que tiene un paciente que no está respirando, de unos 50 años.*
— 12:30 am: *Llega la ambulancia y le intuban, aunque no tiene actividad de pulso y en este caso no está indicado usar un desfibrilador. Lo trasladan al Ronald Reagan*

> UCLA Medical. Murray se hace cargo del paciente, sin que lo tengan que hacer los enfermeros de la ambulancia o el soporte telefónico ¡En el trayecto se sigue con CPR, epinefrina, atropina, bicarbonato...! Los enfermeros también le suministran medicamentos (epinefrina y atropina).
>
> — 13:14 pm: *Llega al Hospital Ronald Reagan UCLA (Hospital Universitario de LA) y durante una hora tratan de reanimarle (balón intraórtico...) pero nada.*
>
> — 14:26 pm: *Lo declaran muerto y Murray recomienda autopsia porque no sabe por qué se murió y no firma el certificado de defunción por esta razón.*
>
> — 15:38 pm: *El detective W. Porche del departamento de policía de Los Ángeles, reportó este caso al departamento del juez de instrucción como una muerte accidental o natural.*
>
> — 17:20 pm: *Se hace un examen superficial del cuerpo en el hospital. Se le traslada en helicóptero al anatómico forense.*
>
> — 19:10 pm: *El juez realiza una investigación de la escena.*

Hay muchas cosas más, como le iré contando. En el siguiente epígrafe quiero analizar con precisión el camino por el que Michael Jackson llegó a ese fatídico junio de 2009, la forma en la que la vida lo fue conduciendo a través de una serie de circunstancias que lo convirtieron en una presa fácil esa última noche que le acabo de contar. Sin embargo, ahora que tenemos muy recientes los hechos, quizá sea buena idea detenerse momentáneamente para conocer el testimonio de lo que pasó en aquella casa durante las horas más convulsas, cuando el artista se debatía ya entre la vida y la muerte.

Porque, como es lógico y tal y como detallaré después en el apartado dedicado al juicio que tuvo lugar para esclarecer lo ocurrido, muchas de las personas allí presentes ofrecieron su testimonio y dieron su versión acerca de lo sucedido. Por ejemplo, Kai Chase, la chef personal del artista, que habló en la CNN pocos meses después y dio algunas de las claves que me sirven para completar el dibujo de la

El desordenado aspecto en que quedó el dormitorio del cantante. (Foto del Departamento de Policía de Los Ángeles)

terrible escena de aquella mañana. Baste decir que afirmó que aquel hogar pasó de la felicidad a la histeria en cuestión de instantes. Ella había empezado a trabajar para el artista poco antes, en marzo de 2009. Según su relato, Jackson descansaba en la zona superior de la vivienda para poder ir por la tarde a los ensayos. Nosotros, que conocemos las interioridades de la madrugada, sabemos que Michael ya había decidido no asistir a los mismos debido a su extremo cansancio y a la ansiedad que lo llegó a dominar. Sin embargo, todo cuadra con nuestro relato cuando Chase describe la manera abrupta en la que Conrad Murray irrumpe en la cocina, donde ella preparaba la comida del cantante, pidiendo a gritos que se diera prisa todo el mundo y que alguien llamase a seguridad. Según la chef, ahí cambió todo, y lo que era un sitio feliz se transformó de pronto en el puro infierno. Kai Chase dio detalles como que Paris, la hija de Jackson, comenzó a llorar y a llamar a su padre; el personal de la casa también rompió en llanto y se puso a rezar, afirmó la cocinera. ¿Acaso algo hizo sospechar que la tragedia se cernía sobre ellos? Ella sí que afirmó que el artista le había reconocido que los ensayos lo estaban matando, que estaba trabajando muy duro y que, aunque le ilusionaba la vuelta a los escenarios, la cosa estaba resultando más difícil de lo que había imaginado. Por cierto, Kai Chase abandonó la casa, a instancias de los miembros del equipo de seguridad, entre la una y la una y media, y es por esto que ella no vio cómo se llevaban a Michael al hospital. De su muerte se enteró por la radio.

Anuncio oficial de su muerte

Conferencia de prensa de Jermaine Jackson, anunciando la muerte de su hermano Michael Jackson.

Ronald Reagan UCLA Medical Center.
«Esto es difícil. Mi hermano, el legendario Rey del Pop, falleció el jueves 25 de junio de 2009 a las 2:26 pm. Se cree que falleció de un paro cardiaco en su casa. Sin embargo, la causa de su muerte está por determinar hasta que se realicen los resultados de la autopsia. Su médico personal, que estaba con él en ese momento, intentó resucitar a mi hermano, al igual que los paramédicos que lo trasladaron al Ronald Reagan UCLA Hospital aproximadamente a la 1:14 pm. Un equipo de médicos de emergencia y cardiólogos intentó resucitarlo durante un periodo de más de una hora, sin éxito. Nuestra familia solicita que los medios de comunicación respeten nuestra privacidad durante este difícil momento. Y que Dios esté contigo Michael, siempre. Gracias.»

Y todavía le puedo ofrecer más información de cómo transcurrieron esas horas decisivas. Porque cuento con la versión de Faheen Muhammad, el que era jefe de seguridad de la casa y que conocemos a la perfección porque fue uno de los tantos que habló en el juicio. Y aunque de ese proceso nos ocuparemos más tarde, insisto en traer aquí ese testimonio, porque concierne a la mañana

Primera hoja del certificado de defunción de Michael Jackson expedido por el Departamento de Servicios de Salud del Condado de Los Ángeles

Segunda hoja del certificado de defunción de Michael Jackson expedido por el Departamento de Servicios de Salud del Condado de Los Ángeles

de la muerte del cantante. Uno de los detalles más escalofriantes de este testimonio es que llega a afirmar que los hijos de Jackson vieron morir a su padre. Cuenta Muhammad que cuando él llega a la habitación, se encuentra a Prince Michael, que entonces tenía doce años, llorando, en estado de *shock*, apostado en la puerta,

El dormitorio visto desde la habitación contigua. (Foto del Departamento de Policía de Los Ángeles)

y que su hermana Paris, de once años, estaba en el suelo, con las piernas recogidas, hecha un ovillo, llorando sin consuelo posible. En la cama se hallaba postrado el cantante, con los ojos abiertos, y también la boca. Parecía muerto ya. Acompañando a Michael se encontraban el citado Alberto Alvarez, director de logística, y desde luego Conrad Murray, que según cuenta Muhammad se esforzaba muy nervioso en reanimar a su paciente. Me llama mucho la atención que, en esta declaración, el jefe de seguridad sostiene que cuando él llegó al cuarto, Murray preguntó si alguien sabía realizar la maniobra de reanimación cardiopulmonar. Raro, raro.

Lo que voy a relatar ocurre a las doce y media del mediodía, poco después de que Murray haya llamado al asistente personal de Jackson, Michael Amir Williams, alarmado porque el paciente había sufrido una mala reacción. El jefe de seguridad entonces se lleva a los dos niños de allí, para que al menos no sigan contemplando la terrible escena en la que su padre está intentando ser reanimado sin éxito. Williams, por cierto, dijo que el médico no le pidió en ningún momento que llamara a los servicios de emergencia. No entraré ahora, como le digo, en las contradicciones que se encuentran en distintos testimonios, porque entre otras cosas, Williams afirma que Murray se mostraba aterrado y que le había pedido que tomara una crema que había dejado en la habitación del cantante para que nadie la encontrara. Como respuesta, Williams habría dado orden al personal de la mansión de que no se permitiera a Murray volver a entrar en ella. ¿Es cierto que nada hacía presagiar la pesadilla final? ¿Es verdad que, tal y como dijo Muhammad, Jackson se encontraba en perfecto estado? ¿Fue el médico? ¿Fue el mismo Michael, al que la defensa de Murray culpó de haberse administrado una sobredosis de una de las sustancias durante una de las ausencias del médico?

Como ve, cada paso de Michael va despertando nuevas preguntas. Y tendré que ir por partes para comprender de qué manera el camino del cantante lo condujo a ese 25 de junio de 2009, cuando su estrella se apagó. Vamos a ello.

Así encontró la muerte a Michael Jackson

> ### Así le encontró la muerte
> *Medía 1,75 m y pesaba 51 kg.*
> *Tenía problemas en el colon, próstata, pulmones inflamados, artrosis degenerativa, Lupus, Vitiligo, y ganglios linfáticos inflamados.*

Sí, Michael Jackson y la muerte mantuvieron su particular cita el 25 de junio de 2009. Después de contarle cómo fueron las horas finales en las que él llevó a cabo su última danza, la que mantuvo con la dama de la guadaña, quiero ponerle en situación antes de continuar contándole la investigación. Porque ahora, cuando ya pasan diez años de lo ocurrido y lo voy evocando al hilo de estas investigaciones y del análisis que comparto con usted, lector, sigo teniendo una extraña sensación que está relacionada con la inevitabilidad. Quiero decir que cuanto más repaso los datos de los que dispongo referentes a las últimas horas del artista, más cala en mí la sensación de que cada hecho va encajando con el resto como los resortes de una maquinaria de relojería. Como si fuese imposible evitarlo, como si estuviera escrito.

La pregunta que asalta a la investigadora que repasa una y otra vez el caso es: ¿acaso pudo ocurrir todo de otro modo? ¿No había otro desenlace posible? Paso a paso, simplemente quería dejar constancia de esta sensación antes de seguir transmitiéndole todos los detalles.

Porque, tal y como dice el título del epígrafe: ¿qué es lo que encontró la muerte cuando abrazó a Michael Jackson? ¿Acaso su muerte no fue más que la consecuencia, la suma de toda una serie de muertes anteriores? Solo déjeme adelantarle algo: el éxito, eso que tantos persiguen con ahínco durante toda su vida, a Michael Jackson pareció caerle como una maldición. En concreto, casi se podría decir que el destino le fue cobrando cada uno de los favores que le hizo en su momento. Con cada logro, un golpe; con cada sonrisa, una puñalada; con cada alegría, un dolor. Y esto es lo que quiero contar en esta página, la manera en la que se va produciendo este proceso en el que nuestro protagonista va quedando recluido en un espacio cada vez más pequeño, un espacio que parece limitarse, al final, al de esa cama de la que ya no se pudo levantar más. ¿Es posible una vida en la que el arte y unas cualidades fuera de lo común te vayan elevando a los altares mientras que, por dentro, tu vida se va desmoronando?

Ese sendero que transita pasando por las más altas cumbres de la fortuna y la suerte pero que acaba despeñándose en el precipicio de un final prematuro y doloroso pudo comenzar en muchos instantes de la biografía de nuestro protagonista. Digamos que en cualquier instante de su infancia acaso podamos encontrar signos que nos avisen de lo que acabaría ocurriendo; o podemos señalar el año 1971, que es cuando arranca su carrera en solitario. Pero nadie pondrá en duda la importancia que tiene el año de 1983 en la vida de Michael Jackson. Es entonces cuando el vídeo de *Thriller* hizo que el globo terráqueo se paralizara. Concebido más como un cortometraje que como un vídeo musical, el 2 de diciembre de 1983 se estrenó. Sus catorce minutos de duración batieron todos los récords y, sobre todo, dejaron una huella en el asombro de tal calibre que todavía, después de varias décadas, se le sigue considerando como el mejor vídeo clip de la historia.

¿Quién puede olvidar el ambiente de novela de terror de esos minutos en los que Jackson se va transformando en un muerto viviente? ¿Quién no ha sentido un escalofrío al evocar las oscuras concavidades de los ojos del cantante cuando se convierte en un bailarín del inframundo? Aquel traje rojo y negro, uniforme del danzarín de la muerte, que marcó a varias generaciones, aquellas coreografías, aquellos macabros compañeros de baile... Ya se encuentra ahí la semilla de lo que Jackson sería después, y me refiero a su incansable actitud cuando se trataba de realizar un trabajo y que este alcanzara la perfección. Para las escenas en las que queda convertido en un hombre lobo, se sometió a sesiones de hasta cinco horas de maquillaje, y lo hizo con paciencia, sin poner una sola pega, rehusando siempre la posibilidad de que ciertos tramos los rodara un doble. Para que usted se haga una idea de la importancia que tuvo este vídeo, le digo que el 30 de diciembre de 2009 fue incluido en el Registro Nacional del Cine de Estados Unidos, siendo la primera vez que un vídeo musical entraba a formar parte de esta colección, y lo hizo declarando que fue una producción de tal calibre que «revolucionó la industria de la música».

Ya ve, Michael Jackson fue catapultado a un firmamento de fama al que quizá nunca había soñado llegar. O quizá sí, porque los artistas se alimentan de sueños. La verdad es que lo que iba a ser un videoclip casi experimental convirtió a nuestro hombre en el Rey del Pop, en un icono a nivel mundial. Jackson dejó de ser un cantante para convertirse en el cantante. El único. El más grande. El más famoso, venerado, conocido y seguido. El éxito lo coloca debajo del gran foco de luz, con más de cien millones de copias vendidas. Para que quede clara la dimensión de todo este asunto de *Thriller*, sepa que en un pase privado congrega a Prince, Diana Ross, Frank Sinatra... *Thriller* cambia la historia de la música, sí, pero también cambia a Michael Jackson de manera inevitable.

Retrocedo a esos años en los que se fragua el fenómeno mundial para que vayamos comprendiendo cómo fue el camino de una vida que escribe su propio final a la par que lo va soñando. Otro de los hechos que me parecen más importantes y que deberíamos tener en cuenta si queremos entender al personaje y mucho de lo que le va a ocurrir es el percance que tuvo durante la grabación de un anuncio para la Pepsi.

Fue en 1984. Como acabo de decir, *Thriller* había convertido a Michael en un ídolo mundial, de tal modo que se hace muy difícil pensar que se pueda adquirir más popularidad. Yo creo que a ese nivel no llegaba nadie en ese momento. En la línea de los récords, Michael firma con la Pepsi un contrato por cinco millones de dólares, el mayor firmado hasta entonces por la promoción de un producto. Todos parecían contentos: Michael se convertía en la imagen ganadora de una bebida que tenía a la mano por fin lo que siempre había ansiado, que era adelantar a la Coca Cola, su gran competidora.

Y en ese contexto de optimismo y confianza sin límites ocurre que el 27 de enero comienza la grabación en el auditorio Shrine de Los Ángeles. Imagine a tres mil personas copando los asientos del auditorio para ver al fenómeno mundial del momento. Y es más, no lo imagine, entre en internet y busque el anuncio, que se encuentra tal cual. Suenan los acordes iniciales de Billie Jean, vemos que las gradas bullen de emoción y escuchamos a la megafonía anunciar la presencia de Michael Jackson. Disfrutamos de un primer plano en el que el cantante se ajusta su icónico guante de piedras preciosas, disfrutamos de unos pases de baile mágicos que nos indican sin discusión que esos pies no pueden ser de nadie más que de él. Y entonces, Jackson se presenta en medio del fervor generalizado, prenden un conjunto pirotécnico para realzar su aparición y el artista baja las escaleras, llega al escenario y comienza el concierto, mientras que una juventud sonriente y entregada se rinde ante el ídolo, todos con un enorme vaso de Pepsi en la mano. *The choice of a new generation*, reza el eslogan. La elección de una nueva generación.

Bien, son unos segundos perfectos que no solo están retratando el optimismo de una marca que se siente invencible, sino que yo diría que constituyen la imagen del éxito en su mayor apogeo. ¿Qué puede salir mal teniendo a Michael Jackson al frente? Pues todo. A pesar de esa imagen, algo ocurrió que pudo marcar al artista de un modo mucho más profundo que el que se ha admitido siempre.

Sí, porque en el momento de la grabación, algo falló. Cuando Michael se disponía a bajar las escaleras para rodar el momento cumbre en el que él hace su aparición en público ante el auditorio, se produjo un error en la sincronización de la pirotecnia. Los fuegos artificiales se encendieron antes de lo que debían, con Michael justo en medio de todos ellos bailando en los instantes previos a bajar las escaleras. Una chispa saltó y llegó a su pelo. Y sin que el bailarín se diera cuenta, le comenzó a arder. Él continuó

Arriba, fotograma del vídeo del rodaje del anuncio de Pepsi en el Shrine Auditorium, en el momento de la aparición del cantante entre explosiones pirotécnicas. Debajo Jackson es atendido tras apagarle el fuego de su cabellera. Se puede apreciar la quemadura

el número, ajeno a lo que ocurría en su cabeza. Pero el fuego va a más. A más. Y después de unos segundos de angustia que parecen no acabar nunca, se le echa encima una nube de gente con extintores, apagando el fuego que amenaza con calcinarlo por completo.

Michael mismo, después, achacó todo a la estupidez. Lo dijo tal cual: «La causa del fuego fue simplemente la estupidez». Y lo decía porque los cartuchos de magnesio que estallaban se encontraban a medio metro de él, en una infracción notoria de las

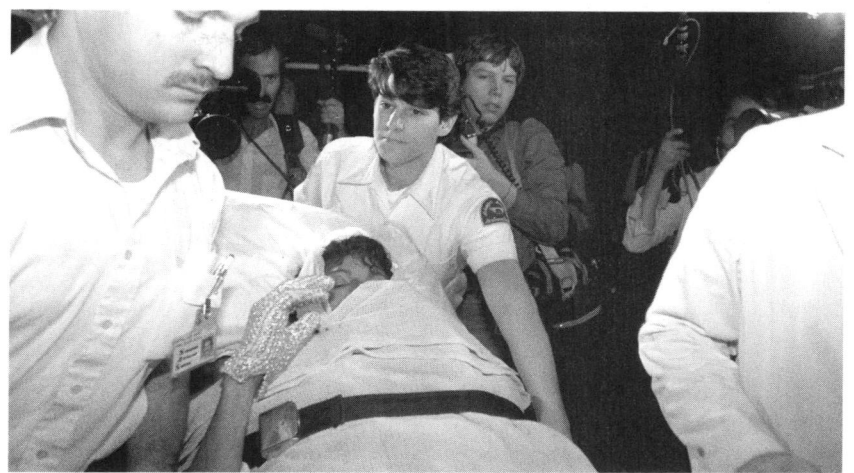
El cantante siendo trasladado al hospital tras el accidente por los servicios de emergencia

normas de seguridad más elementales. No ocurrió nada en varias de las tomas previas, cinco, pero en la toma que acabo de describir, la sexta, el director del vídeo, Bob Giraldi, le pide que no baje todavía las escaleras, que se mantenga bailando. Y es cuando el cabello acaba ardiendo. «Yo bajé por la rampa bailando, sin saber que tenía mi cabello en llamas», dijo Jackson cuando rememoró lo ocurrido.

El pánico cundió. ¿Qué le había ocurrido al cantante? Lo había visto todo el mundo. Los directivos de la marca de refrescos temían una demanda por parte de Jackson que sabían que se podría convertir en algo multimillonario. Las quemaduras de tercer grado le habían alcanzado el cráneo. Según el testimonio del propio Jackson, él no demandó, la Pepsi le dio un millón y medio de dólares y ese dinero él lo donó íntegro a un centro de quemados. El paso por la unidad de quemados le había permitido conocer a otras personas afectadas por el fuego, y quiso que todo ese dinero fuera para ayudarles. Como resultado de todo este proceso, se generó un flujo de información sin precedentes en torno a una campaña publicitaria, y la guinda la pusieron las ventas, que se dispararon. El cantante y la empresa volvieron a firmar dos contratos más, de hecho, a razón de diez millones de dólares.

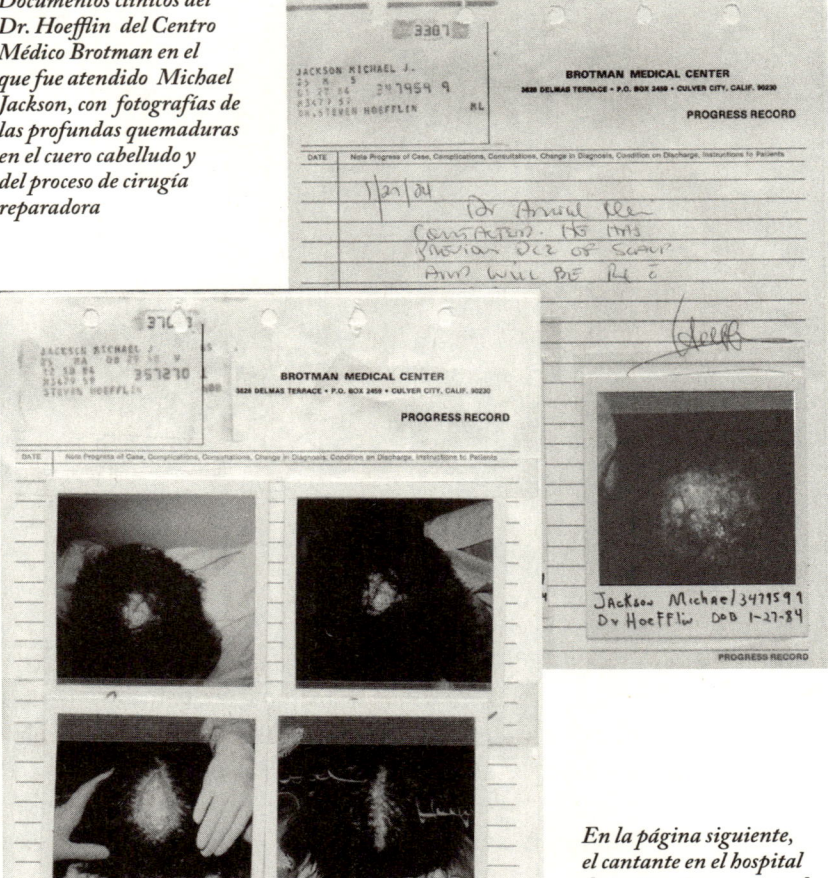

Documentos clínicos del Dr. Hoefflin del Centro Médico Brotman en el que fue atendido Michael Jackson, con fotografías de las profundas quemaduras en el cuero cabelludo y del proceso de cirugía reparadora

En la página siguiente, el cantante en el hospital durante su ingreso, con el vendaje y visitando a otros ingresados en el centro de quemados

Y, sin embargo, Michael Jackson había iniciado el camino de la perdición. Esas quemaduras de segundo y tercer grado en el cuero cabelludo y el rostro hicieron que Michael se volviera cada vez más temeroso. Y peor aún: ahí comenzó su relación fatídica con los calmantes y con la cirugía estética, obligado por las evidentes y desgarradoras consecuencias de las quemaduras. Puedo decir, sin temor a equivocarme, que Michael Jackson no volvió a ser el mismo después de aquel percance. Durante veinticinco años, las imágenes del percance se mantuvieron ocultas, y solo después de ese prolongado tiempo se pudo observar la secuencia completa, que sigue impactando, la verdad.

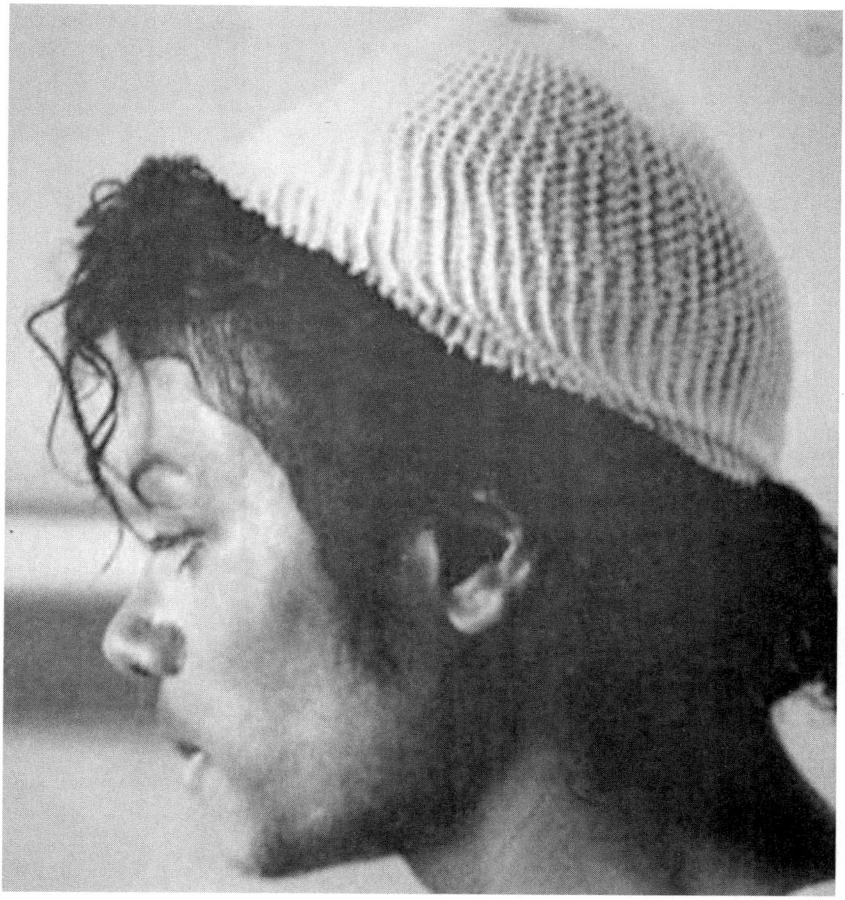

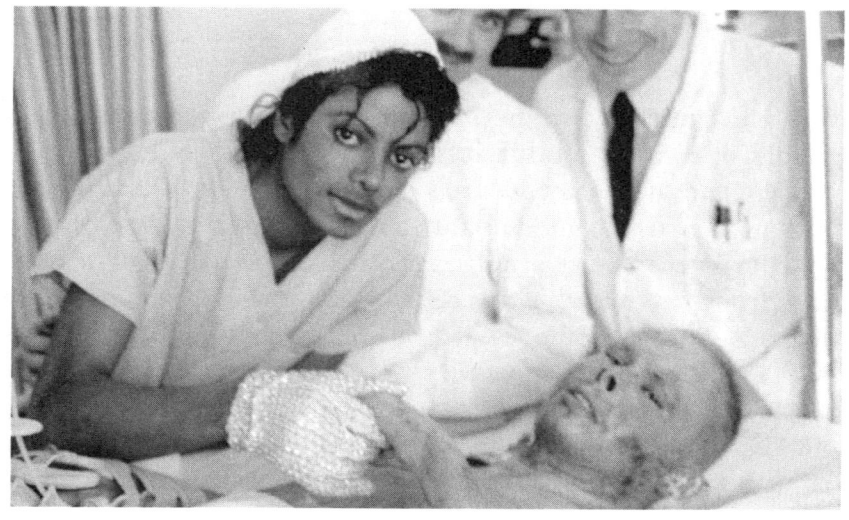

El cantante en el Brotman Medical Center con parte del equipo asistencial

Porque ahí comenzaron sus fuertes dolores, compañeros ya inseparables para él. Dolores que le acompañarán para el resto de su vida. Es el comienzo de una existencia entre medicamentos, analgésicos, operaciones quirúrgicas, injertos de piel, de cabello...

De modo que, desde fuera del escenario que es su vida, el público ve a un artista que oculta su rostro, que se esconde de miradas, que parece caer en la extravagancia. Y lo que hay es un ser que está reconstruyendo su rostro obligado por una quemadura que ha estado a punto de acabar con él.

¿Es posible vivir con dolor continuo? Se me ocurre decir que a Jackson el éxito le duele, le duele muy profundamente. Hasta los huesos. Creo que acierto diciendo que la corona del Rey del Pop es, a pesar de lo rutilante de su aspecto, una corona de espinas.

Michael Jackson entrevistado por Oprha Winfrey

En este dibujo paralelo del artista que estoy realizando, y que pretende ir más allá de la cara conocida bajo los focos y los aplausos, usted ya puede ir intuyendo que trato de decir que, a medida que las cosas le salían bien a Michael, esto iba teniendo una serie de consecuencias sobre su persona que fueron las que acabaron minándolo. Y esto que sostengo en lo personal, en lo físico, también es posible extenderlo a lo mediático, a lo financiero, a lo empresarial y hasta a lo político, como explicaré más adelante en el libro.

Porque si algo marcó el sendero que iban siguiendo los pasos del artista por el mundo fue el *via crucis* que desde 1993 cae sobre él a perpetuidad: las denuncias que penden sobre su cabeza por supuesto abuso de menores. Tampoco es posible asimilar la dimensión exacta del personaje sin esta faceta, tan dolorosa e impactante en su personalidad, sus reacciones, sus cuentas...

Todos sabemos, a estas alturas, de la existencia de Neverland, ese territorio mítico y fantástico en el que Jackson había situado su hogar. ¿Quién sino un niño o alguien extremadamente extravagante viviría en un parque temático llamándole además así, en una evocación directa del país de Peter Pan? Es el País de Nunca Jamás, el de un niño al que le robaron la infancia y que se negó a crecer, acaso para intentar recuperar un tiempo que ya no podía ser recuperado. Todo esto que digo respecto al personaje de Peter Pan, la creación del escritor James Matthew Barrie, no es una especulación. Piense, atento lector, que el propio Michael habló claramente de su simpatía por el cuento de Peter Pan y por su figura, con la que decía sentirse totalmente identificado.

Michael, en una entrevista concedida a la periodista Oprah Winfrey le confesó: «Cuando era niño realizaba mis tres horas con un tutor, luego me iba al estudio a grabar durante horas, hasta que llegaba a casa y ya era hora de irse a dormir. Recuerdo que, frente al estudio de grabación, había un parque y veía a los niños jugando, y yo lloraba porque también quería jugar pero me tenía que quedar trabajando. No pude hacer lo que otros niños sí, cosas pequeñas como tener amigos, fiestas de pijamas, compañeros... simplemente, pasar el rato». Creo que es imposible pasar por alto que el origen de muchos de sus males viene de ese escueto pero clarísimo relato.

Desde luego, todo lo relacionado con esta propiedad de Neverland llama la atención, y no está de más que conozcamos algunos datos de este lugar tan emblemático. Fue el empresario inmobiliario William Bone el que construyó el sitio en 1981, dándole el nombre de Sycamore Valley Ranch. Lo hizo en un entorno que hasta entonces había sido una tierra dedicada al ganado. La vivienda principal consta de mil doscientos metros cuadrados y todavía mantiene el artesonado de roble original que tanto gustó a Bone. El rancho se extiende sobre algo más de once kilómetros cuadrados de terreno. A finales de 1988, William Bone lo pone a la venta con un precio de salida de treinta y cinco millones de dólares.

Es John Branca, uno de los abogados de Michael Jackson, el que lleva las negociaciones directamente, y después de largas conversaciones el trato se cierra por diecisiete millones y medio de dólares. Me parece curioso que el acuerdo incluya una cláusula según la cual Bone podría entrar al terreno del rancho una vez por semana entre 1988 y 1991. De inicio, Jackson respeta la estructura de la residencia principal, donde abundaban los muebles franceses e ingleses del siglo XVIII y ricas alfombras de Oriente. De modo que unos terrenos que hasta la década de los setenta habían sido utilizados como lo que le digo, terreno para el ganado, se habían ido convirtiendo en una vivienda de ensueño, con un entorno diseñado por el arquitecto paisajista Thomas A. Stone, y con una residencia alzada por el arquitecto Robert Altevers.

Michael transforma este rincón en su hogar y en un parque de atracciones privado. ¿No es el sueño de cualquier niño hecho realidad? ¿Acaso se propuso recuperar las horas perdidas y cruzar de algún modo al parque donde veía de niño jugar a los demás? Neverland se extendía como una prolongación de la imaginación infantil, y no faltaba su cine, su zoológico, su noria, su montaña rusa... Jackson acoge en las instalaciones a numerosos niños enfermos y brinda el rancho a todo tipo de proyectos de ayuda desinteresada.

Aquí es donde vivía el famoso Bubbles, un chimpancé que se hizo famoso por ser la mascota de Michael. Me parece muy en la línea del personaje, que actúa como un rey Midas de la fama, pues todo lo que él tocaba se convertía automáticamente en célebre. Existen diversas versiones acerca de cómo adoptó Michael a Bubbles, en torno al 1984, pero sí que conocemos de sobra el gran apego que el cantante llegó a tenerle al animal, lo cual fue motivo de mucha sorna por parte de medios de comunicación y críticos. En cierta ocasión, en un viaje por Japón durante el Bad World Tour, entre 1987 y 1988, Bubbles acompañó a Michael a un encuentro con un alcalde y llegó a beber de la misma taza de té en la que bebía el artista. El animal dormía en una cuna dentro del propio dormitorio de Jackson, entraba al mismo baño que él y le encantaba entrar en la sala de cine a comer dulces mientras se proyectaban las películas. Al hacerse adulto, como ocurre con los chimpancés, se volvió agresivo y hubo que trasladarlo a un santuario de animales en California; el lugar cerró en 2004 y entonces Bubbles pasó al Centro de los Grandes Simios de Wauchula, en Florida.

Ya vemos que en Neverland ocurrían cosas que muy bien podrían pertenecer a un relato infantil, con la magia, la fantasía y los hechos más inverosímiles tomados como algo natural. Por cierto, también fue escenario de un acontecimiento notorio en 1991: la boda de la amiga de Michael Jackson, Elizabeth Taylor, con Larry Fortensky. Fue la octava boda de la actriz, y es curioso que las tarjetas de invitación fueran firmadas por el propio cantante, en su calidad de padrino, e incluyeran el siguiente texto: «Michael Jackson tiene el placer de anunciarle que desea

Michael con su chimpancé Bubbles

contar con su presencia en la boda de su amada amiga Elizabeth Taylor con Larry Fortensky, el domingo 6 de octubre de 1991, a las 17.00, en su rancho de Neverland Valley». La boda superó los cien millones de pesetas de presupuesto y a ella asistieron, entre otros, Ronald Reagan y su esposa Nancy, el músico Quincy Jones y el actor Gregory Peck.

Pero de nuevo, el ensueño se iba a convertir en pesadilla. Lo mismo que hemos visto que ocurrió durante el anuncio de la Pepsi o cuando en 2009 se va a iniciar una exitosa gira, parece que en Michael Jackson siempre confluyeron fuerzas contrarias: si algo le salía bien, de inmediato se activaban los mecanismos del azar para exigirle una contraprestación. De modo que este lugar de ensueño, la Neverland soñada por los niños y por los que han dejado de serlo muy a pesar suyo, se convierte en un lugar de pesadilla para el cantante cuando, en 1993, llega la acusación de pederastia y la mansión es registrada por la policía. En el capítulo dedicado al efecto del desprestigio sobre la figura de Michael Jackson trataré todo esto con más detenimiento, pero ahora estamos trazando las líneas fundamentales de una vida que se desmorona y que en 2009 se viene abajo porque no es capaz de soportar más.

Pues bien, en ese relato, este es uno de los momentos esenciales, porque ni su reputación ni él mismo lograron sobreponerse jamás a las consecuencias de todo esto. En este primer caso se llegará a un acuerdo y, mediante una cantidad de dinero que asciende a los 22 millones de dólares, el proceso se paraliza. Se retiran los cargos. Se firma un trato. Pero no será el fin definitivo de esta guerra, porque el acuerdo se interpreta como si Michael estuviese reconociéndose culpable de los hechos. Jackson se vio tan afectado que tuvo que cancelar su gira por los problemas de salud derivados del escándalo.

Pero como en esas sagas de terror en las que se piensa que se ha vencido a un mal que en las siguientes entregas siempre regresa, el fantasma de la acusación de pederastia no quedaría enterrado en el siglo XX. En 2005 se reabre esta guerra, y ahora sí que se llegaría a juicio, con durísimas consecuencias económicas para él, y también vitales, psicológicas, anímicas, y emocionales. En el capítulo correspondiente, insisto, me detendré con paciencia en los procesos abiertos y en los detalles más significativos de los mismos, tanto en lo ocurrido en 1993 como en 2005.

Sí que me gustaría anticipar que Michael Jackson es declarado no culpable por parte de los tribunales. Y, sin embargo, sería iluso pensar que su imagen no quedó dañada definitivamente. ¿Qué quedó de la figura joven, angelical, exitosa, inmaculada de los años ochenta? Más bien, la sensación pública que quedó fue la de un señor que no supo hacerse mayor, que no supo crecer y que dispuso de las vidas de los demás escudado por su gran fortuna. Pero ¿es justa esa apreciación? ¿Se corresponde con lo que realmente fue la vida del cantante? Es lo que estoy haciendo en estas páginas, intentar arrojar claridad sobre una vida tomada por el escándalo, ensombrecida por el exceso de luz que venía de tantos focos.

Ya conoce mi tesis: el éxito marcó un camino de perdición para Jackson. Y otro jalón importante de ese sendero fue el episodio vivido en Baréin, que también explicaré con minuciosidad más tarde; por ahora, le anticipo un titular: en Oriente, Jackson pensó encontrar su descanso, su escape, sus particulares *Mil y una noches*, y lo que ocurrió fue justo lo contrario: volvió peor de lo que se fue, con la vida todavía más rota, con las cuentas más endebles de lo que ya las tenía. Porque un asunto que no se ha llegado a interiorizar por parte del gran público, me parece, es el hecho de que la ruina alcanzó a Michael. Se piensa en él como poseedor de una fortuna sin fin, pero las dificultades económicas por las que llegó a pasar fueron extremas.

Y esto es un nudo más, una vuelta de tuerca más que hace que, en 2009, encontremos a una persona destrozada por las circunstancias, amenazada por la bancarrota, con su imagen erosionada por completo y con un cuerpo cosido por los dolores. Es el resultado de una vida de éxito. ¿Esto es el éxito?, me preguntará usted. Para Jackson, sí. Y es lo que he querido decir desde el principio y lo que seguiré poniendo en pie en el resto de este libro: la vida de nuestro protagonista, envidiable o no, cada uno que haga su valoración, contó con un lado oscuro. Podríamos decir que, si Michael Jackson hizo un pacto con el diablo al estilo de Fausto, el demonio no esperó a la muerte para empezar a cobrarle, sino que lo hizo desde el mismo instante en que firmó el papel, asegurando su propia perdición.

Por lo tanto, ¿cómo encontró la muerte a Jackson? Débil, obligado a aceptar la última gira, forzado por una situación empresarial que lo obliga a salir al paso. En Miami llega a un acuerdo con AEG Live para regresar al escenario y dar una serie de conciertos en Londres. La rueda de prensa en el O2 Arena el 5 de marzo de 2009 ya constituyó un acontecimiento: Michael llegó con hora y media de retraso, pero la expectación no decayó. El Rey del Pop anunciaba su regreso en forma de la gira *This is it*: volvía, ganaría unos cuarenta millones de euros, renacía el genio y lo haría satisfaciendo a todos, anunciando que iba a tocar las canciones que los fans querían escuchar. Pero dijo algo más: «Serán mis últimos conciertos». Y repitió ese últimos varias veces. Vestido de negro, con pantalón y chaqueta militar, Jackson llevaba el uniforme de las grandes ocasiones. Estaba anunciando el ocaso del mito.

Sus palabras en el anuncio de la gira This is it

5 de marzo de 2009

«Solo quiero decir que estas serán mis últimas actuaciones en Londres. Cuando digo que esto es lo que hay, esto es lo que hay. Tocaré las canciones que mis fans quieren oír. Estas serán las funciones en las que se bajará el telón. Os veré en julio. Os quiero mucho. De verdad, desde lo más hondo de mi corazón. Esto es lo que hay, y nos vemos en julio.»

Las entradas se vendieron en cascada, a un precio mínimo de unos ochenta y cinco euros. Los promotores comprendieron el filón que suponía este fenómeno del regreso del artista y quisieron ir más allá. Se habló de una cantidad que superaba los trescientos millones de euros y de iniciativas con nuevas canciones, gira por otros países y hasta una película en 3D de *Thriller*. Es significativo que, durante las negociaciones, los organizadores exigieron pruebas de la buena salud de Jackson. ¿Acaso lo harían si no existiese sospecha alguna? Y el artista, como respuesta, pidió un equipo médico que lo acompañase durante la gira. Hacía doce años que Jackson no salía de gira, hacía ocho que no sacaba álbum y hacía tres desde que se había subido por última vez a un escenario, en

Cantando en la gala de los World Music Award de 2006

los premios *World Music Awards*, cuando cantó en directo un fragmento del *We are the world*. La cuestión es que las entradas quedan agotadas en poco tiempo y es entonces cuando la empresa decide ampliar la gira a esos cuarenta conciertos más, en un plazo de tiempo que iría desde el 18 de julio de 2009 hasta el 8 de marzo de 2010. Cincuenta conciertos en menos de ocho meses. Tal cual. Y él no se ve capaz de hacerlo. Se encuentra desfondado, conoce su cuerpo perfectamente y de alguna manera es consciente de que aceptar una gira de tales dimensiones equivale a su fin. La presión sobre él es enorme: la que le viene desde fuera y la que se impone él mismo que, como ya le he dicho, era un hombre muy metódico y perfeccionista. Michael Jackson se ve atrapado. Si lo hacía, lo tendría que hacer bien. Pero ¿podría? Nosotros sabemos ya que no, que el 25 de junio de 2009 todo acabó de manera trágica. El último baile de Jackson no sería sobre los escenarios de la gira del *This is it*, sino abrazado a la muerte.

Y ahora que hemos llegado hasta aquí, ahora que le he contado cómo fueron sus últimas horas y el modo en el que llegó a ese impostergable junio de 2009, es hora de que avancemos en este estudio sobre la figura de Michael Jackson. En capítulos posteriores le ofreceré los pormenores de las investigaciones y procesos judiciales a los que fue sometido, así como los aspectos económicos, empresariales, mediáticos y hasta políticos que en torno a él se dieron cita.

También hablaremos con mucha calma de todas las pesquisas abiertas después de su muerte. ¿Por qué murió? ¿Hubo conspiración? Voy a hablarle de todo esto pero, antes, adentrémonos en el perfil del personaje con técnicas de perfil psicológico que nos van a mostrar al verdadero Michael. Porque la primera pregunta que quiero que nos hagamos y que respondamos en el siguiente apartado es: ¿quién fue realmente Michael Jackson?

REMEMBER THE TIME

Una tendencia de Jackson fue la de la ostentación. Es muy curioso que se pueda ser a la vez un activista, un hombre preocupado por lo que le pasa a los que menos tienen, cantando a los niños, a los desfavorecidos, acaudillando *We are the world* para que los Estados Unidos y el mundo entero se volcaran con África y, a la vez, que su seña de identidad sea un guante con incrustaciones, viva en un parque de atracciones, o sea enterrado en un ataúd chapado en oro.

Intento comprender esa contradicción y, después de mucha consulta y mucho análisis, llego a la conclusión de que se trata de un nuevo matiz de la personalidad de Jackson, de ese Jackson niño que no pudo crecer de forma natural y que quedó atrapado en una infancia que se le fue marchitando en el cuerpo de un adulto.

Pero sí, ahí tenemos esas grandes estatuas con las que quiso relanzar su carrera a mediados de los noventa. Medían treinta pies de alto, es decir, más de nueve metros cada una, y pesaban más de nueve toneladas. Se tardó meses en hacerlas, echando mano de

Estatua de Michael Jackson basada en la original de Diana Walczak, para la portada del disco HIStory *situada en Best cerca de Eindhoven, Holanda*

La artista Diana Walczak, trabajando sobre la estatua para la portada del disco HIStory

un equipo de treinta personas que emplearon materiales como el acero y la fibra de vidrio. Fue en el transcurso de la gira para lanzar *HIStory*.

Las había diseñado Diana Walczak en 1994, y la empresa Epic se encargó de colocar diez réplicas en lugares muy señalados de todo el planeta: junto al río Támesis en Londres, en la plaza Alexanderplatz de Berlín, sobre la peana dejada por el antiguo monumento a Josef Stalin en Praga… Otra estatua fue hecha en madera y yeso y se instaló en la tienda de Los Ángeles Tower Records. La estatua original fue llevada, en 2016, al casino Mandalay Bay de Las Vegas.

¿Y a qué nos pueden recordar estas construcciones fastuosas? A mí, de entrada, al faraón Ramsés II, el que reinó durante tanto tiempo en Egipto y que hizo esculpir su efigie por toda la tierra del Nilo. Ahí lo tenemos, multiplicado por cuatro, en Abu Simbel. Jackson fue más allá que Ramsés II, se hizo diez para empezar, y esparció sus estatuas por todo el mundo. Dicen que recuerda también a lo que fue el Coloso de Rodas, una de las Siete Maravillas del Mundo Antiguo.

Por cierto, un capítulo aparte merecerían las estatuas dedicadas al cantante por todo el mundo, no me quiero distraer de lo que estoy contando, pero quizá sea interesante comprobar qué personaje no religioso cuenta con más efigies que él... No sé si existe alguno, la verdad. Recuerda, en este sentido, a un antiguo césar romano, o quizá al macedonio Alejandro Magno, que conquistó el mundo conocido... No puedo evitar pensar en estas cosas. Me disperso.

Todo esto que desarrollo ahora lo tengo anotado en los apuntes que me acompañaban una de las veces que repasé el vídeo del tema musical *Remember the Time*, una canción que fue el segundo sencillo de su álbum *Dangerous*, de 1991. En concreto, la nota que da pie a esta reflexión reza: «Jackson, el moderno faraón».

En realidad, el vídeo musical no nos muestra a Michael encarnando al rey de Egipto, sino quedando incluso por encima de él. La escena es otro derroche de fama, porque lo mismo que el Nilo inundaba las tierras de alrededor haciéndolas fértiles, la sola presencia de Jackson congregaba rostros conocidos de primera línea.

Así que tenemos que el faraón es interpretado por Eddie Murphy, que en estos momentos se halla en pleno apogeo de su carrera. El actor y humorista, natural de Brooklyn, había sido elevado al trono del Alto y Bajo Egipto por obra y gracia de Jackson. Con el tiempo, Murphy llegó a decir algo que quedó como muestra de la amistad que los unió: «No mucha gente tuvo la oportunidad de bailar entre las nubes con Michael Jackson». Por cierto, el primer humorista que comenzó a hacer chistes públicos por televisión sobre el cantante fue precisamente su amigo Murphy, que basaba la gracia del gag en parodiar la extrema sensibilidad de Michael. Dijo de él también que «era el artista y músico con más talento que ha pisado la Tierra».

A su lado, como faraona, una mujer también en el top de la popularidad en su momento: Iman Abdulmajid, la supermodelo somalí que en los setenta y ochenta rompió por su cuenta los moldes al convertirse en una de las primeras *top models* africanas. Como una reina nubia, lo cual cuadra perfectamente con ese espíritu de Ramsés, como una Nefertari, ya la habíamos visto en la pantalla en *Memorias de África* y en una de las películas de la saga de *Star*

Michael Jackson, Eddie Murphy e Iman Abdulmajid en el rodaje del vídeo de Remember the Time *(1992)*

Trek. Ahora encarna a la esposa del faraón que se deja llevar por la fascinación que le produce Michael Jackson.

Y alguien más aparece en *Remember the Time*: el baloncestista Irving Magic Johnson, ídolo entre los ídolos, la imagen icónica de Los Ángeles Lakers, amigo íntimo también de Michael. En este vídeo vemos a Magic interpretar a un soldado, exhibiendo musculatura como encargado de la seguridad del faraón.

El vídeo fue filmado a mediados de 1992 y se estrenó el 2 de febrero de ese mismo año. Antes de ser lanzado, el sello discográfico empezó la promoción lanzando breves clips y algunas grabaciones de los distintos momentos de los rodajes. Esto es algo novedoso, que ahora podemos ver como normal pero que en su día supuso una vuelta de tuerca a los modos de promoción. De nuevo, Jackson en la vanguardia, imaginando maneras distintas de hacer las cosas. Cuadra asimismo con la personalidad del inconformista, del que no se resigna a hacer las cosas tal y como se vienen haciendo sin más razón que la costumbre. ¿Por qué no hacerlo todo de manera diferente, si es mejor?

Me parece que este es otro aspecto de la personalidad de Michael Jackson. Disfrutaba asombrando a los demás con su trabajo. Dando giros y giros interminables, deslizándose como si no pesara, creando espectáculos revolucionarios. Por eso, cuando en su momento veamos cómo estaba diseñando su última gira, *This is it*, entenderemos cuáles eran sus intenciones al estar pensando en un *show* como no se había hecho nunca otro antes en la historia de la música y el espectáculo. Y todo eso, a pesar de hallarse demediado en lo físico, impedido hasta límites que serán difíciles de creer hasta comprobar el dictamen de las autopsias.

Los efectos visuales son nuevos. De pronto, el tiempo se convierte en arena y la arena en tiempo. Algo así como ocurría en su vida. Comienza la historia y vemos a los faraones en el trono, rodeados de su corte y aburridos como si después de contemplar las pirámides no quedasen más cosas por hacer y descubrir. Iman suspira poseída por el tedio, Eddie Murphy no se toma mucho interés por lo que le rodea, bebe de su copa. Y ella le expresa su queja: estoy aburrida, necesito entretenimiento.

Entra Magic Johnson como un maestro de ceremonias de palacio y da paso a unas desafortunadas actuaciones que no logran despertar a la reina. Y entonces, ocurre la magia. Tal y como podría ser el mundo de la música antes de Jackson, necesitado de su aparición. ¿Así se veía él, como la solución a un mundo aburrido? Me temo que sería algo muy parecido a eso. Y por eso este *Remember the time* se me antoja interesante y revelador de la personalidad de un hombre que no supo permanecer en el mismo sitio porque necesitaba, como creador extremo que era, cambiar, experimentar, sentir que avanzaba… Las fieras acaban con los malos artistas, que son condenados por no saber alegrar a la faraona. Y eso no le puede ocurrir a Michael, que hace su entrada de forma misteriosa, tal y como le gustaba. Es un mago, un ser de fantasía que llega encapuchado, esparce un polvo mágico y surge de la

Michael Jackson, besándose con Iman en el vídeo de Remember the Time *(1992)*

nada, convertido en un bailarín seductor que comienza a cantar un tema nostálgico que evoca el tiempo anterior, cuando todo era nuevo y todavía no había recibido mancha alguna. ¿Qué tiempo podría estar evocando Jackson? ¿Qué noviazgo primero? ¿Qué nostalgia de qué tiempo?

Como curiosidad, hay que señalar que el beso que se dan Michael y la faraona Iman es el primero que vemos de él en toda su carrera. Las coreografías se suceden y la pasión de la reina ahora sí que despierta: tanto, que el faraón se revuelve contra Jackson y ordena que lo capturen. No lo harán, porque él desaparece de manera tan misteriosa como llegó. Se convierte en arena que se lleva el viento. Es inaprensible. Es la imagen que tiene Jackson de sí mismo, la que ofrece a la imagen pública: estamos en 1992 y todavía él no ha recibido el latigazo de las acusaciones que después desactivarán todas sus intenciones profesionales y estéticas.

Todavía hemos de creer que lo que vemos es lo que corresponde a sus inquietudes artísticas. Y él se ofrece como un mago, como un escapista, como un ser juguetón. Su traje de satén dorado, su cota de malla, las alas de Horus cruzadas sobre su pecho, la falda blanca, botas negras, pantalones, faja... ¿Es masculina, femenina, neutra? No es nada, es Jackson puro inventando un nuevo estilo, como siempre. Es el artista que acaba convertido en arena.

Pasados los años, en la ceremonia que tuvo lugar en Los Ángeles en 2009, cuando el mundo decía adiós a Michael Jackson, Magic Johnson volvió a salir en público, esta vez para despedir definitivamente a su amigo. Lo mismo haría Eddie Murphy, presente en el acto íntimo para familiares y amigos que tuvo lugar en septiembre.

Y cuando vi aquello, a Magic sobre el escenario del Staples Center de Los Ángeles, entendí que todo tenía algo de acto multitudinario singular, de antiguo enterramiento de un faraón. «Jackson va camino del Valle de los Reyes», me dije. Sí, como Rey del Pop, lógicamente, con todos los honores. Acaso también, como muchos de los faraones, enviado al juicio de Osiris, a la muerte antes de tiempo y por mano ajena. Sigamos recordando cómo sucedió todo. Y lo primero será adentrarnos en ese perfil psicológico que nos dirá cómo era Michael en realidad, detrás de todos los oropeles, cuando se retiraba a la soledad de su pirámide interior.

EL PERFIL

Tan famoso que no lo conoce nadie

Quiero hacer un Michael Jackson un poco a mi conveniencia. Me explico. No es mi deseo aquí retratar los logros o las miserias del personaje, más bien deseo centrarme en cómo llegó a ser lo que fue, pasando por cómo fue. Esto me lleva a ligarle a los medios en que vivió y a hacer de él tanto el testigo como el protagonista de la historia.

Ante el espejo. Este es el ejercicio más complicado de todo el trabajo: poner a Michael Jackson frente a su espejo. Al menos, esa es mi intención. Quiero dejar a un lado la imagen programada del artista Jackson para poner al descubierto —en la medida de lo posible—, simplemente a Michael, o a los diferentes Michael que habitaron en él, porque fueron varios. Y quiero hacerlo frente al espejo, pero no un espejo cualquiera, sino ante su propio espejo.

Esta idea no es original, ni siquiera es mía. Fue el ejemplo que utilizó una de las pocas personas que se atrevió a contarme —y gratis— cosas diferentes sobre Jackson. Y, sí, es una persona conocida, ya mayor, y de una humanidad tremenda. Tuvo el placer

Foto de la portada del single Man in the mirror, *del álbum* Bad *(1988)*

de conocerlo —dice—, y el gusto de entenderlo. No voy a decir quién es. No me deja, y yo tampoco quiero. Sus confesiones han sido de gran utilidad para realizar este perfil más humano. El resto de datos lo he analizado utilizando sus partes médicos, sus declaraciones, sus entrevistas, su libro… Y alguna cosa más que guardo bajo la manga. Me gusta decir eso de «se dice el pecado, no el pecador».

No tengo la más mínima intención de juzgar ni dar veredicto, por supuesto, de lo que Jackson hizo, dijo o dejó de hacer, y mucho menos de si sus acciones eran o no eran adecuadas. Esto no es un juicio, y eso lo valorará usted cuando acabe de leerlo, y yo de escribirlo. Mi intención es mucho más simple, es la de poder conocer a un Michael Jackson que fue tan famoso que no lo conoció nadie. Eso pienso.

Familia

Padre: Joseph Walter Jackson, nacido el 26 de julio de 1929 en Fuente de Hill, Arkansas. Es el mayor de cuatro hermanos. A los doce años, sus padres —Samuel Jackson, y Crystal Lee King— se separaron y él se mudó con su padre a Oakland. Se graduó en la escuela de secundaria y se mudó a East Chicago, en Indiana, con su madre. Allí conoció a su futura esposa Katherine.

Madre: Katherine Esther Scruse, nacida el 4 de mayo de 1930, del matrimonio formado por Prince A. Scruse y Martha Upshaw, descendientes de esclavos africanos, y Cherokee indios.

Los padres de Michael Jackson se casaron el 5 de noviembre de 1949 y se mudaron a una casa con dos habitaciones en el 2300 de Jackson Street, cerca del parque Roosevelt en Gary, Indiana.

Del matrimonio nacieron diez hijos:

Maureen Reillette Jackson, nacida el 29 de mayo de 1950, y conocida como Rebbie.

Sigmund Esco Jackson, nacido el 4 de mayo de 1951, y conocido como Jackie.

Toriano Adaryll Jackson, nacido el 15 de octubre de 1953, y conocido como Tito.

Jermaine La Jaune Jackson, nacido el 11 de diciembre de 1954.

Latoya Yvonne Jackson, nacida el 29 de mayo de 1956.
Marlon David Jackson, nacido el 12 de marzo de 1957.
Brandon Jackson, nacido el 12 de marzo de 1957, gemelo de Marlon, y fallecido al nacer.
Michael Joseph Jackson, nacido el 29 de agosto de 1958.
Steven Randall Jackson, nacido el 29 de octubre de 1961, y conocido como Randy.
Janet Damita Jo Jackson, nacida el 16 de mayo de 1966.

Si le digo que Michael Jackson jugaba con muñecas, incluso poco antes de morir, quizá no me crea. Pero digo la verdad.

Y aquí es donde le reto a usted. Mire, si yo le hago una breve descripción ahora mismo de alguien que no conoce y le cuento que estoy con una persona que acaba de comerse un donut con doble acristalamiento, al mismo tiempo que un helado con galletas, y que para cenar —dentro de un ratito—, se ha pedido una pizza con zumo de naranja; que poco antes de esto ha estado conduciendo un *car* en el circuito de una especie de parque de atracciones, junto con varios niños y niñas, y ha acariciado hasta la extenuación a su chimpancé Bubbles —que rescató de un centro de investigación sobre el cáncer en Texas, según una de las varias versiones que existen del asunto—, y que para después de la cena se ha pedido ver una película y comer palomitas de maíz, dígame, ¿cuántos años piensa que tiene la persona que le estoy describiendo? Pues eso. Aunque ambos sabemos que estamos hablando de un hombre en edad adulta, estamos hablando del Rey del Pop.

Ahora le cuento algunos detalles simples que más adelante pueden ser relevantes. Michael no fumaba, no bebía alcohol, ni consumía drogas ilegales «Yo nunca he tomado drogas: ni marihuana, ni cocaína, ni nada. Lo que quiero decir es que ni siquiera las he probado. Olvídalo». Comía poco y se hizo vegetariano, aunque no le gustaban mucho las verduras. Así era él. Su cocinero personal cuenta la anécdota de que, en 1987, durante un viaje a Japón, el presidente de Sony invitó a Jackson a una cena típica nipona, y Michael optó por comerse cinco de las peras que adornaban la mesa.

Le gustaba desayunar cereales con leche, bebía mucho jugo de zanahoria y naranja, y tenía muchas cosquillas.

Le gustaba dibujar, y lo hacía bien. De hecho, aquí le dejo alguno de sus dibujos para que vea.

Dibujo hecho por Michael Jackson

Jacqueline Kennedy Onassis lo «sedujo» para que escribiera un libro que ella misma prologó. Después le contaré algo más de este episodio. «Es uno de los artistas con más éxito del mundo del espectáculo, es un compositor de canciones innovador y fascinante cuya forma de bailar parece desafiar la gravedad... Su público puede que no sea consciente del nivel de dedicación de Michael Jackson a su obra, pero lo cierto es que se trata de un perfeccionista, una persona inquieta y rara vez satisfecha que se marca constantemente nuevos retos...» dijo.

Y es verdad que desafió la gravedad, como lo hizo con su público. De hecho, patentó un dispositivo para los zapatos que permitía un desafío a la gravedad cuando se inclinan. Le muestro aquí el documento de su patente, y un pequeño resumen de lo que más me ha llamado la atención.

Cómo ser un criminal suave

El 26 de octubre de 1993, Michael Jackson recibió su patente número 5.255.452, dentro del registro 241, de la Oficina de Registros de Patentes y Marcas, sobre un «método y medios para crear una ilusión antigravedad».

El resumen que consta en los archivos es este:
«Un sistema para permitir que el usuario de zapatos se incline hacia adelante más allá de su centro de gravedad, en virtud del uso de un par de zapatos especialmente diseñados que se acoplan con un enganche que se puede proyectar, de manera movible, a través de la superficie del escenario.
Los zapatos tienen una ranura para el talón, especialmente diseñada para que se pueda enganchar de manera desmontable con el propio enganche, simplemente deslizando el pie del portador del zapato hacia adelante, por lo que se engancharán ambos enganches».

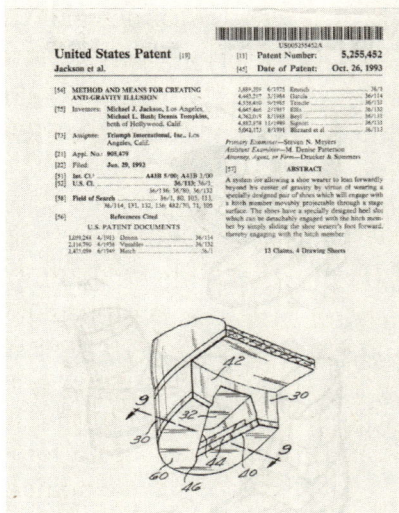
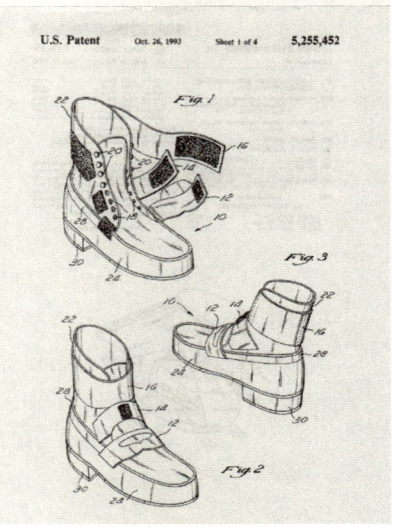
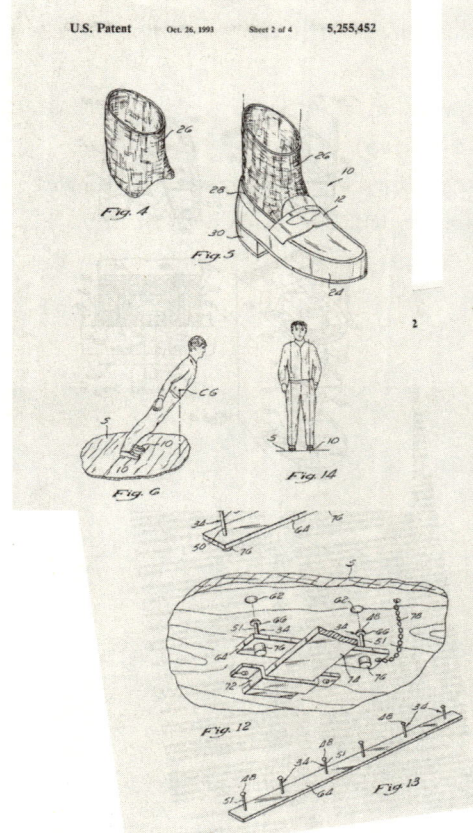
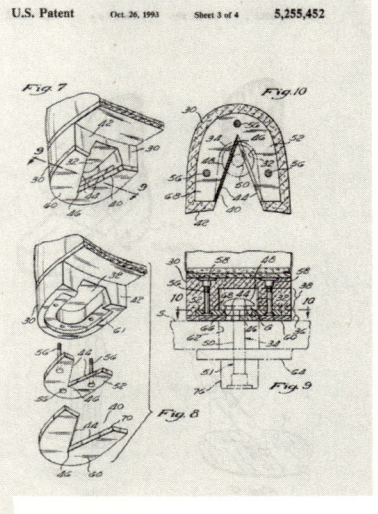

Documento de la patente del «método y medios para crear una ilusión antigravedad». Sistemas de anclaje en el tacón del zapato, bridas para sujetar el tobillo, y los anclajes escamoteables del suelo

Pagó 1,5 millones de dólares para comprar el óscar que ganó la película *Lo que el viento se llevó*, en 1939, y 17 millones de dólares en 1988 por un terreno en California del que se enamoró cuando visitó a Paul McCartney, alojado allí, en el momento en el que juntos grabaron parte del vídeo *Say Say Say*, y que él convirtió en su rancho Neverland, el país de Nunca Jamás, el rancho de la polémica. El mismo que transformó en parque de atracciones, al mismo tiempo que en «hospital», con camas especiales para niños enfermos de cáncer y sus familias —si las tenían. El mismo al que acudían autobuses fletados por él, repletos de niños enfermos, o sin dinero, y sus acompañantes, para que pudieran disfrutar gratis de todo un día de atracciones, cine y palomitas. El mismo al que acudió la policía y lo dejó en medio de un cuarto para fotografiar su cuerpo desnudo en busca de alguna prueba que pudiera

Michael Jackson con Paul McCartney grabando en el estudio la canción Say, Say, Say *y un fotograma del vídeo de la misma*

Fachada principal y trasera de Neverland y una vista de las atracciones del parque. En la página siguiente, planos de la planta baja y primera

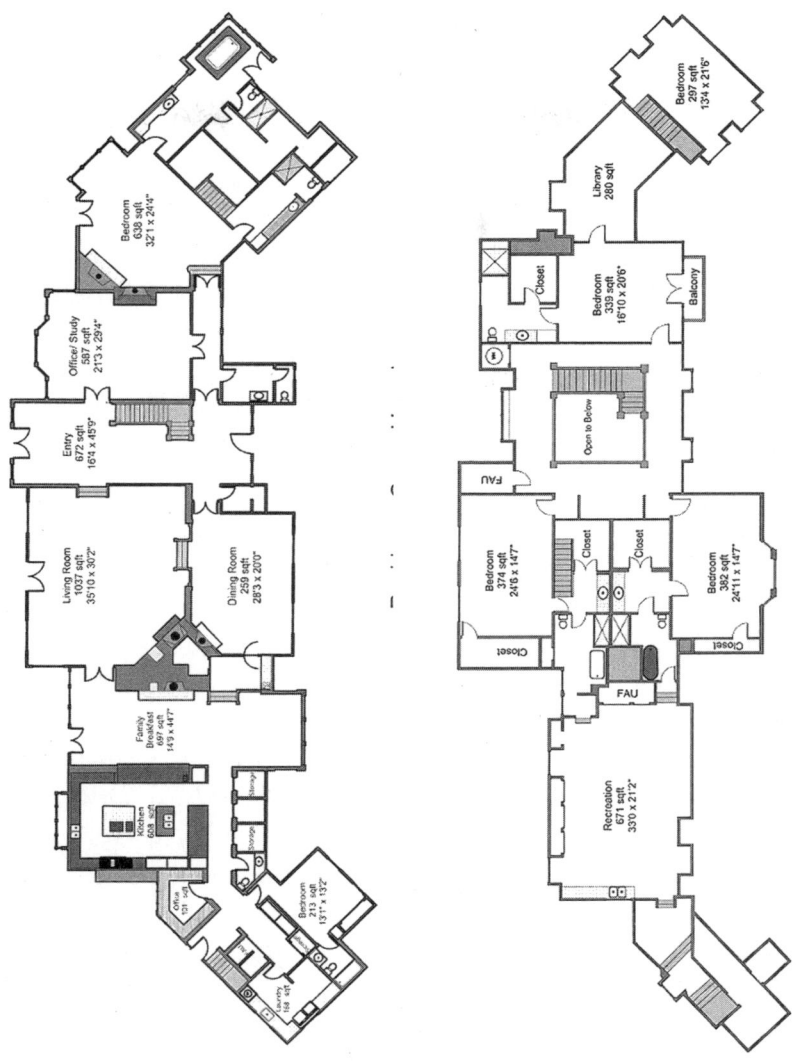

demostrar, o no, su culpabilidad en una denuncia por abusos a un menor. El mismo rancho donde Martin Bashir grabó el documental para televisión *Viviendo con Michael Jackson* y traicionó su confianza, y complicó su vida cuando sirvió de base para el juicio más caro de la historia de EEUU —por lo menos hasta la fecha—, también por abusos sexuales a menores. Desde entonces, su mundo, ese mundo que había intentado construir lleno de paz y amor, se destruyó. Se quebró. Como también se quebró su fortuna.

Neverland

En 1987, Michael Jackson compró al empresario William Bone el rancho que se iba a convertir en Neverland, por 17 millones de dólares (se encontró un contrato de 1987), evidentemente, de la época.

- En 2004 se valoró en 120 millones. A efectos fiscales su valor era de 96 millones.
- Tiene más de 11 kilómetros cuadrados (1.100 hectáreas). Michael Jackson hizo instalar, entre otras cosas:
Sala de cine; zoológico; noria, carrusel, montaña rusa, y otras atracciones de este tipo; ferrocarril con locomotora de vapor y dos vagones, con más de 300 metros de vías; multitud de antigüedades, porcelanas, juguetes, recuerdos y retratos del cantante con sus atuendos (serían ofrecidos en subasta que finalmente no se realizó) y un lago con cascada.

Tras la muerte de Michael Jackson el 25 de junio de 2009, informes de prensa durante el 28 y 29 de junio de 2009 indicaron que la familia Jackson deseaba darle sepultura en el rancho Neverland, para finalmente transformarlo en un sitio de peregrinaje para sus admiradores (similar a lo que sucedió con la mansión Graceland, que se transformó en una visita obligada para todos los fanáticos de Elvis Presley). Todos estos rumores al final demostraron ser falsos en septiembre de 2009, cuando el cuerpo de Michael Jackson fue sepultado en Forest Lawn, un cementerio privado de Los Ángeles donde únicamente se tiene acceso con un permiso de la familia. Permiso que, ya le anticipo, es muy difícil de conseguir. Aún no entiendo por qué. Actualmente la propiedad es llamada Sycamore Valley Ranch, y se encuentra anunciada para su venta. Aunque en un principio su precio de salida fue alrededor de los 100 millones de dólares, su valor se desplomó en 2019 a causa del documental de Leaving Neverland, donde dos hombres: Wade Robson y Jimmy Safechuck denunciaron supuestos abusos sexuales por parte del cantante cuando vivieron en el rancho. En febrero 2019, estaba en 31 millones.

Los medios de comunicación se volvieron rebeldes y, en muchas ocasiones, manipuladores, y a él le dolía: «Escriben constantemente todo tipo de cosas extrañas sobre mí. Me molesta la manera en que distorsionan la realidad. No leo todo lo que se escribe, aunque sí que oigo hablar de ello. No entiendo la necesidad que tienen de inventarse cosas sobre mí. Supongo que, si no hay nada escandaloso que contar, piensan que tienen que darles a las cosas un toque interesante».

Michael necesitaba amor. Deseaba que le quisieran. A veces salía a pasear, llegaba a un parque, y le preguntaba a alguien si deseaba ser su amigo. Así, como le cuento. La persona le decía que sí, claro, aunque no entendiera muy bien lo que pasaba. Era Michael Jackson. Después, su equipo lo encontraba y lo devolvía a la realidad. Lo devolvían a la soledad, a ese aislamiento que no había pedido. No llevaba bien la soledad. Y sin embargo, se encontró muy solo. Cuanto más famoso era, más le alejaban del mundo real y de las personas a las que quería. Esa fue una gran enfermedad para él.

Michael se convirtió en la marca Michael Jackson, y todo lo que se ponía marcaba tendencia. Puso de moda los calcetines blancos porque le gustaba «fastidiar» a uno de sus hermanos —Jermaine—, que se chivaba a su madre diciendo que era un pringado y un memo. Usaba un solo guante de lentejuelas blanco —tiempo antes de *Thriller*—, porque llevar dos guantes le parecía vulgar «uno solo era diferente y constituía una imagen... Tengo que reconocer que me encanta iniciar una moda... Si la moda lo prohíbe, yo me lo pongo», decía. Aunque una vez llevó un guante negro a la ceremonia de los premios American Music, coincidiendo con el cumpleaños de Martin Luther King Junior: «es curioso cómo suceden estas cosas a veces».

Le han acusado de estar obsesionado con la privacidad, de ahí su uso de las gafas de sol constantemente «es para no tener que mirar constantemente a todo el mundo a los ojos». Y, en su libro *Moonwalk* también explica el sentido y el uso de la mascarilla: «Cuando me sacaron las muelas del juicio, el dentista me dio una mascarilla para me la pusiese en casa y evitase infecciones. Me encanta esa mascarilla. Es estupenda, mucho mejor que las gafas de sol, y fue divertido llevarla durante un tiempo».

Una imagen de Michael Jackson en la que se aprecia su despigmentación causada por el vitíligo

Michael no intentó nunca cambiar el color de su piel, sufría una enfermedad llamada vitíligo que afecta a la pigmentación de la piel. Al final, todo tiene una explicación. Tal vez, solo hacía falta preguntarle.

Como ya le he dicho antes, grabando un anuncio para Pepsi, la pirotecnia falló y estalló sobre la cabeza de Michael. Las chispas prendieron fuego a su pelo mientras él bajaba por una escalera bailando, sin saber que estaba ardiendo. Después llegó el caos y le metieron en una ambulancia «me dijeron que estaba en estado de *shock*, aunque recuerdo haber disfrutado del viaje al hospital, nunca me había imaginado que iría en una ambulancia... Era una de esas cosas que siempre había querido hacer de niño». Ese niño siempre sobresalía. Sin embargo, las secuelas del accidente tuvieron muchas consecuencias. Tuvo que someterse a varias cirugías y los dolores lo hicieron adicto a los calmantes. También su pelo se vio afectado para siempre, y tuvo que usar peluca el resto de su vida.

Michael disfrutaba con la música clásica. Le gustaba el *Cascanueces* de Chaikovski, *Claro de Luna* de Beethoven, y Debussy le volvía loco.

Fue muy amigo de Elizabeth Taylor, de hecho, la actriz se casó con su último marido en Neverland. «Adoro a Elizabeth». Y ella también le quiso mucho. Sus imágenes en el funeral de Michael hablan por sí solas.

> ## Curiosidades
> *Michael Jackson conoció el rancho cuando visitó a Paul McCartney, alojado allí, en el momento en el que juntos grabaron el vídeo Say Say Say.*
> *Elizabeth Taylor se casó con el albañil Larry Fortensky (su 7º marido, contando que se casó dos veces con Richard Burton), en 1991. Se divorció en 1996. Ha sido el último.*

Michael, fuera del espejo, era el artista excéntrico que llevaba mascarillas, paraguas de sol, el que tapaba el rostro de sus hijos y se había cambiado el suyo propio. El hombre demandado por abusos sexuales a menores, el que se arruinó —aunque ganaba millones—, el protagonista de una familia numerosa en la que él era octavo de los 10 hijos —3 mujeres y 7 hombres— que tuvieron Katherine Scruse y Joe Jackson. Y, también, el fabuloso Michael Jackson, el que fue niño prodigio, bailarín como ninguno, el Rey del Pop, una estrella capaz de brillar con luz propia, admirada por muchos y criticada por otros.

Ese es el Jackson que veía el público, y era real. Sin embargo, lo desconocido, lo curioso, es que todo eso no formaba parte de manías, sino de circunstancias que lo llevaron a ello.

Michael Joseph Jackson nació en una pequeña casa de dos dormitorios, en el área metropolitana de Chicago. En el libro *Moonwalk* que escribe para Jacqueline Kennedy, él cuenta lo que recuerda, y lo que siente cuando lo recuerda: «Era tan pequeño cuando empecé a trabajar como músico que la verdad es que no recuerdo mucho de todo aquello. La mayoría de la gente tiene la suerte de haber iniciado su carrera profesional cuando son lo bastante mayores como para saber qué están haciendo y por qué; evidentemente, ese no fue mi caso. Esas personas recuerdan todo lo que vivieron, pero yo solo tenía cinco años». Michael recuerda su

Un pequeño Michael Jackson rodeado de sus hermanos en una foto promocional de los Jackson 5 de 1969

infancia como trabajo y obligaciones. Le cargaron con una responsabilidad suprema, pero una cosa estaba clara desde el principio: la música le gustaba.

Joe, su padre, fue culpable de muchas cosas, algunas de ellas horribles para Michael, pero también fue el que descubrió, de alguna manera, el talento de su hijo. Aquí me gustaría explicar con detenimiento el inicio de su carrera, pero mucho me temo que no es el objetivo de este libro, y que tampoco conseguiría hacerlo bien en el espacio limitado que me daría un capítulo. Y eso dice mi editor, que sabe mucho de estas cosas.

Con todo, resumir que, con el grupo The Jackson 5, publicó diez álbumes, y que fue en 1971 cuando inició su carrera como solista, aunque continúo con el grupo formado con sus hermanos hasta 1975.

The Jackson 5

Llamados al principio The Jackson Brothers, y posteriormente The Jacksons, es el grupo musical en el que debutó Michael Jackson junto a cuatro de sus hermanos.
Lo componían Jackie, Tito, Jermaine, Marlon, y Michael.
Sus principales vocalistas fueron Michael y Jermaine Jackson.

Michael Jackson en 1998, con su entonces esposa Debbie Rowe y sus hijos Prince y París

Michael se casó dos veces. La primera, con Lisa Marie Presley, hija de Elvis Presley, de quien se divorció veinte meses después. Y, la segunda, meses después de la ruptura, fue con Debbie Rowe, la enfermera de su dermatólogo, Arnold Klein. Con ella tuvo a dos de sus hijos: Michael Joseph Jackson Junior, y Paris Michael Katherine Jackson. Tres años después también se divorció, aunque se quedó con la custodia de sus hijos. Y en 2002 nació su tercer y último hijo, Prince Michael Jackson II, mediante inseminación artificial, con su esperma y un vientre de alquiler. Sus tres hijos, sus tres ángeles, como él los llamaba.

Y, en medio de todo esto, en medio de sus éxitos, de sus matrimonios, de los nacimientos de sus hijos, Michael tuvo problemas. Muchos problemas, y serios. Los más importantes con la justicia, por acusaciones por abuso de menores, secuestro, y más. Otros con su discográfica Sony, y otros por su prácticamente bancarrota; atrasos en pagos, bancos... Y, progresivamente, su salud también se deterioró: problemas para dormir, para comer, para orinar, para respirar. Y, así llegó la que iba a ser su gran gira, la que iba a solucionar todo *This is it*, pero la gira nunca llegó.

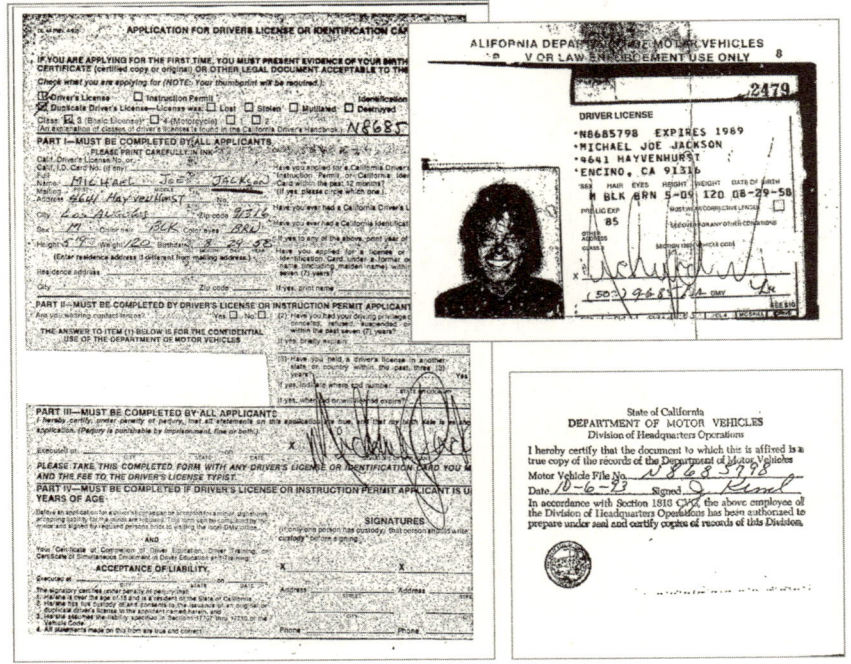

Licencia de conducir de Michael Jackson

El perfil psicológico de Michael Jackson

No es fácil ser Michael Jackson. En absoluto. Tampoco lo fue para él, de eso estoy segura. Lo tuvo todo, y no tuvo a nadie.

Michael fue una víctima en su infancia. Le hicieron cosas que hoy serían juzgadas ante un tribunal, y condenadas. Hablo de su padre. Él mismo lo escribió así: «Actuábamos para él y él nos criticaba. Si metías la pata, te pegaba, a veces con el cinturón, a veces con una vara. Mi padre era muy estricto con nosotros, terriblemente estricto. Marlon era el que siempre estaba metido en líos. Por otro lado, a mí me pegaba por cosas que ocurrían casi siempre fuera de los ensayos. Papá me ponía tan furioso y me hacía sentir tan dolido que trataba de desquitarme y, al final, acababa pegándome más... Yo le contestaba y mi padre me dejaba hecho polvo... Recuerdo correr por debajo de las mesas para escapar de él y hacer que se enfadase aún más. Teníamos una relación turbulenta... Recuerdo mi infancia sobre todo como trabajo, aunque me encantase cantar... Lo hice porque me sentía obligado a hacerlo». Estos son los recuerdos de un Michael de 29 años recién cumplidos que se traslada por un momento a los 5 años, a la edad en que empieza todo para él.

La figura de un padre autoritario —como hemos visto—, que sometía a su hijo a trabajos desmesurados, impropios de su edad, y que lo penalizaba con violencia física y humillaciones —maltrato— si no le satisfacía el resultado, provocó un miedo irreparable en su hijo, además de una pérdida de infancia que fue la consecuencia psíquica más grave que arrastró hasta su muerte. Se negó a crecer. Lo que en psicología se llama «el síndrome de Peter Pan» —en referencia al personaje ficticio creado por el escritor James Matthew Barrie—, y que en el caso de Jackson fue el resultado de un aprendizaje distorsionado en la infancia, mezclado con la presencia de una figura paterna autoritaria en exceso que, además, utilizaba el cinturón como medio para su «educación». Y, posiblemente, eso no fue todo lo que forjó la psicopatía en Jackson, aunque fue determinante. El hecho de encontrarse con un éxito y fama prematuro también influyó. Los aplausos, el escenario, el dinero a borbotones —todo a una edad tan temprana—, distorsionaron su realidad. De pronto, era una deidad, porque así lo trataban.

Michael Jackson atendiendo a su madre Katherine en una fiesta de cumpleaños en mayo de 1984. Debajo, con su padre Joseph

Entiendo que la personalidad del padre también sería digna de estudio. Intuyo a un hombre acomplejado, con un trabajo duro en el acero; un músico fracasado que buscaba en sus hijos el éxito que él no había tenido con su grupo musical «Los Falcons». Movido por el dinero y la fama que el trabajo duro de sus hijos le daría, y con cierta envidia hacia el pequeño Michael que destacaba más que ninguno en sus habilidades artísticas.

La figura de la madre es otro cantar. Lisiada, con una cojera recuerdo de una poliomielitis en la infancia, trabajando en unos almacenes, lidiando a diario con el mal carácter de su esposo, criando a su familia numerosa, y viendo en silencio cómo sufrían el «éxito» cinco de sus varones cuando se convirtieron en los Jackson 5. Aun así, y sin derrochar grandes cantidades de afecto, Michael la adoró. Imagino que fue porque era la única persona que le dio un poco de atención en la infancia —la que pudo, la que supo, y la que le dejaron dar. Se preocupó de inculcar en sus hijos la religión de Testigos de Jehová llevándolos a menudo al Salón del Reino. Michael era muy religioso.

Su madre fue su único apoyo. «Amabilidad, amor y respeto por los demás están a la cabeza de la lista. No hagas daño a la gente. Nunca mendigues. Nunca gorronees. Esos eran pecados en nuestra casa. Siempre quería que diésemos y nunca pidiésemos. Así era ella», estas son las palabras que utilizó el mismo Michael para describir los valores que de ella heredó.

Sin embargo, la mayor parte del tiempo se sentía solo. Y así creció en él Peter Pan. Así se forjó la personalidad inmadura que lo llevó a la cima y lo bajó a los infiernos alternativamente. «Yo nunca tuve lo que ustedes llaman infancia», y eso hizo que se escondiera en un mundo de fantasía, en su país de Nunca Jamás. Jackson quedó atrapado en la infancia, y eso tuvo sus consecuencias. La infancia arrebatada dio lugar a importantes alteraciones emocionales en el Jackson adulto. Sufrió estados depresivos que somatizaba con tristeza y lloros. Se acrecentó el temor a no ser querido y aceptado. Su autoestima se dañó irremediablemente, y le costaba sentir sus logros como algo suyo —en psicología se denomina locus de control externo. Este concepto es importante y determinante en cualquier caso. El hecho de que pensara que lo que ocurría a su alrededor no era consecuencia de sus propias acciones hacía que no actuara para cambiarlo. Con el tiempo este término se transformó en su opuesto.

«Me identifico totalmente con Peter Pan, el niño perdido de Neverland, soy Peter Pan en mi corazón». Porque Jackson estaba perdido en su edad adulta. Los esfuerzos paternos se centraron en el éxito y la fama, y olvidaron al niño que debía convertirse algún día en hombre. Creció con una dificultad titánica para relacionarse con otros adultos, de ahí su preferencia a rodearse de niños. Sus intereses compartidos con los niños eran más afines: juegos, lloros y golosinas. Su forma de enfrentar el mundo era anómala en referencia a sus iguales, y eso le hacía sufrir de alguna manera, porque en muchos momentos se daba cuenta, o había alguien que le decía que eso no era normal. No le entendían. Pero eso también tendría sus consecuencias, y Michael construyó su propio reino lleno de glamour y luces. Necesitaba recuperar la infancia robada, y lo hizo a través de la libertad que le otorgaba ser adulto y tener dinero.

Síndrome de Peter Pan (psicología)
Adultos atrapados en la niñez.
Niños o jóvenes eternos que dan la espalda al mundo real,
escondiéndose en un mundo de fantasía.
Sentimientos de soledad y frustración.
Dependencia personal.

Buscó apoyo, una mano maternal que estuviera cerca, y no fue su madre biológica. Tuvo varias, pero Jane Fonda y Diana Ross fueron su verdadero apoyo. De hecho, ya veremos que a Ross la tuvo presente en su testamento para que cuidara de sus hijos si él moría, y a su madre también.

Su soledad y sus miedos a no ser aceptado hicieron aflorar su creatividad. Jackson tenía una imaginación espectacular que desarrolló a través de la música y sus letras, principalmente. Desafió todo —y a todos— con su imaginación, y somatizó su pérdida de la niñez con actitudes más extremas con las que intentaba demostrar al mundo que, a pesar de todo, a pesar de vivir en el País de Nunca Jamás, él tenía el control. Lo hacía con gestos como el de tocarse los genitales constantemente en el escenario, vistiendo ropas militares o exponiéndose a la crítica con sus excentricidades. Cosas o cuestiones que, en la mayoría de los casos, hacía para contradecir las normas establecidas. Las normas que en su día debía cumplir o sería cruelmente castigado. Michael exhibía su rebeldía y su actitud tozuda. No me extrañaría nada que en algunos momentos también demostrara ira al enfrentarse a la realidad. Y tuvo su peligro, claro, porque todo esto le hizo enfrentarse a ser adulto con cierta —o mucha— irresponsabilidad.

Rodearse de niños posiblemente le hacía sentirse protegido. Con ellos podía tener el sentimiento de que no sería abandonado. Para él era fundamental ir siempre acompañado de niños, niñas o adolescentes.

Posiblemente, debió mostrar signos de narcisismo —narcisismo infantil—, en los más cercanos. La personalidad narcisista suele ser un efecto secundario en este caso. Me explico: intuyo que Michael buscaba la perfección, pero no solo en sus trabajos, también en sí mismo. Le gustaba trasgredir normas, aniquilar la realidad.

Narcisismo

El narcisismo es un trastorno de la personalidad. La persona tiene un sentido desmesurado del yo y de la propia importancia. Sin embargo, detrás de esto hay una autoestima vulnerable. Se cree superior, pero no es nadie sin la admiración de los demás.

- *Necesidad excesiva de admiración.*
- *Autoestima frágil y vulnerable.*
- *El éxito ilimitado es una de sus fantasías.*
- *La belleza, el aspecto físico, tiene mucha importancia.*
- *Adicción a las compras. Una necesidad de sentir euforia y amortiguar sus carencias.*
- *Perfeccionista, adicto al control.*
- *Dificultad para regular las emociones.*
- *Dificultad para moderar la conducta.*
- *Se deprime si no se alcanza la perfección.*

Es posible que, con los años, Michael, sufriera ante el espejo. Un espejo que le devolvía una imagen adulta cuando, sin embargo, sus años cronológicos iban avanzando. Todos tenemos un conocimiento e imagen de nosotros mismos —autoimagen. No nos sorprendemos ante el espejo porque sabemos cómo somos. Y, con esto, no quiero decir que Michael no supiera cómo era su aspecto físico sino, más bien, que hubiera deseado que la imagen devuelta fuera la del niño que se le escapó en esa infancia perdida. Mirarse al espejo era enfrentarse con la realidad de la propia imagen. Era apreciar que envejecía, y que su País de Nunca Jamás no era suficiente para parar el tiempo.

Sí, Michael era un niño en su corazón, como él mismo dijo, pero también deseaba serlo en su cuerpo, y creó una fantasía obsesiva por rejuvenecer, más como necesidad mental que como estética. Rechazó su propia imagen —dismorfofobia—, y eso se ve claro con su operación de barbilla para ponerse un hoyuelo, las dos rinoplastias a las que se sometió para cambiar el aspecto de su nariz, tatuarse los ojos para rasgarlos más, o escoger una peluca de cabello liso, cuando en realidad el suyo era completamente rizado. Retorció su vida.

Michael Jackson tenía cinco años cuando empezó a trabajar. No tenía amigos, sino fans. Le robaron la infancia. Era un niño, y confió en las personas equivocadas. Eso es todo.

Escáner a Michael Jackson

Nacimiento: De signo Virgo, nació a las 7:33 pm del 29 de agosto de 1958, en Gary, Indiana.

Matrimonios: Contrajo dos matrimonios, el primero en mayo de 1994 con Lisa Marie Presley —hija de Elvis Presley—, de quien se divorció a los veinte meses. Y el segundo, en noviembre de 1996 con la ayudante de su dermatólogo, la enfermera Debbie Rowe, de quien también se divorció en 1999.

Hijos: 3, Prince Michael Jackson I —conocido como Prince—, Paris Michael Katherine Jackson, y Prince Michael Jackson II.

Su libro preferido fue Peter Pan.

Le gustaba hacer dibujos. Algunos de ellos aún pueden comprarse a través de la red.

Se hizo vegetariano.

Su bebida favorita era el zumo de naranja, aunque también bebía zumo de zanahoria.

Le gustaban las chuches y la comida mexicana.
Ganó trece premios Grammy.
Fue un gran admirador de Miguel Ángel «En el fondo sabía que un día moriría, pero que la obra que había realizado permanecería».
Escribió un libro Moonwalk, *y su editora fue Jacqueline Kennedy Onassis.*
Tenía como mascota un chimpancé llamado Bubbles.
Le gustaba comer donuts con doble acristalamiento en los descansos de los ensayos.
No bebía alcohol —vino ocasionalmente—, no fumaba ni consumía drogas ilegales.
En el documental que grabó Martin Bashir Viviendo con Michael Jackson, *dijo que a veces compartía su cama con niños.*
Reconoció que se hizo dos operaciones en la nariz —rinoplastia—, y una en la barbilla para añadir un hoyuelo.
1971, comenzó su carrera como solista.
1982, grabó Thriller.
1984, mientras grababa un comercial para Pepsi, sufrió quemaduras graves tras incendiarse el set de filmación. Curas, injertos de piel y cabello… Y un dolor intenso que debía paliar con calmantes de por vida.
1993, fue acusado por abuso de menores. Hubo negociación económica, y el caso no llegó a los tribunales.
2005, volvió a ser juzgado por abusos a menores, y declarado no culpable. Elizabeth Taylor fue una de sus principales aliadas.
2009, 5 de marzo, anunciaba una nueva gira mundial:
This is it, *el primer concierto que se puso a la venta agotó todas sus localidades en una hora. Y lo que empezó siendo una gira de diez conciertos —lo que había firmado—, terminó en un plan de cincuenta conciertos.*

Defunción: El 25 de junio de 2009, a las 2:26 pm, en Los Ángeles.

Así está su familia hoy

SUS PADRES

KATHERINE JACKSON, la madre de Michael, y guardiana de sus hijos, tiene 89 años. Fue la única de su familia, junto con los hijos de Jackson, que figuró en el testamento.

JOE JACKSON, el patriarca de la familia, falleció el 27 de junio de 2018, con 89 años. Nunca figuró en el testamento de su hijo, y sus intentos por obtener algún beneficio del patrimonio fueron un auténtico fracaso.

SUS HIJOS

MICHAEL JOSEPH JACKSON JR, conocido como Prince, tiene 22 años. Dice que, aunque no sabe cantar ni bailar como su padre, siempre ha querido estar unido a él a través de la música. En 2016 fundó King's Son Productions.

PARIS MICHAEL KATHERINE JACKSON, tiene 21 años, y trabaja como modelo para diferentes marcas. Entre ellas, ha sido imagen de Chanel y Calvin Klein.

En enero de 2017, apareció en la portada de la revista Rolling Stone, asegurando que su padre fue asesinado, y que «le tendieron una trampa».

MICHAEL JOSEPH JACKSON II, popularmente conocido como "Blanket", tiene ahora 17 años, sigue estudiando, y quiere mantenerse alejado de los focos.

HERMANAS Y HERMANOS

MICHAEL JACKIE, TITO, MARLON, JERMAINE y RANDY, son los hermanos que luchan por mantener la buena imagen del legado musical de su hermano. Ellos quedaron fuera del testamento de Jackson, y continúan haciendo giras y grabando discos.

LA TOYA, y MAUREEN, las dos hermanas mayores de Michael, también excluidas del testamento, mantienen latentes sus carreras musicales, aunque su repercusión no tiene nada que ver a la que consiguió su hermano.

JANET JACKSON, es la menor de todos los hermanos. Ahora tiene 53 años, y es un icono de la música pop.

MUJERES

LISA MARIE PRESLEY, hija del cantante Elvis Presley, contrajo matrimonio con Michael Jackson el día 26 de mayo de 1994. Sólo estuvieron casados unos meses, y su relación Michael dio mucho que hablar. Lisa Marie, se casó después con el actor Nicolas Cage, es madre de cuatro hijos, y se dedica de lleno a su carrera musical.

DEBBIE ROWE, fue la enfermera que se convirtió en la segunda señora Jackson en 1996. Con ella, Michael tuvo a sus dos hijos mayores, Michael, y París.

Desde su separación del rey del pop, y hasta la muerte del mismo, nunca tuvo la custodia de sus hijos. Sin embargo, a la muerte de Michael llegó a un acuerdo con su madre para poder ver a sus hijos.

De izquierda a derecha: Blanket Jackson, el rapero Omer Bhatti y Paris y Prince Jackson, en una foto publicada por Paris en Instagram. con motivo de las navidades de 2017

BAD

En materia de opinión pública, si algo se aprende pronto es que la intimidad que sale a un balcón no vuelve a ser privada nunca. Funciona así, y no es que sea algo justo o injusto, sencillamente se trata de una regla de funcionamiento social. Y otra es que, cuando una imagen se mancha, es muy difícil limpiarla y volver a disfrutar de la blancura inicial. Aunque todo el mundo conoce el principio de presunción de inocencia que establece que todo el mundo es inocente hasta que se demuestre lo contrario, lo cierto es que eso es una norma en Derecho, pero no en Sociología. Para la opinión pública, si puedes ser culpable, probablemente lo seas, y si alguien te ha acusado de algo, lo más seguro es que algo de verdad haya. «Cuando el río suena, agua lleva». Esta premisa, por desgracia, hace que en muchas ocasiones se active otro refrán: «Calumnia, que algo queda».

No voy a hacer un listado ahora de la cantidad de inocentes que han pasado por culpables y que, una vez demostrada su no culpabilidad, su inocencia, ya no encontraron forma de ser restituidos. Obviamente, si se demuestra que eres inocente, te han condenado a muerte y se ha ejecutado la sentencia, eso es irremediable. Hay casos. Pero también ocurre que han caído vidas, haciendas, negocios, imágenes, carreras… Este fenómeno está íntimamente ligado al funcionamiento de los medios de comunicación de masas.

Fotograma del vídeo Bad (1987). A la derecha, posando junto con el director Michael Scorsesse

Y es de lo que tenemos que hablar en el capítulo que se avecina. Porque no es posible entender la vida y la muerte de Michael Jackson —que es lo que estamos haciendo en estas páginas: saber cómo y por qué murió, en qué circunstancias—, sin estudiar antes todo el proceso de desprestigio que va inundando al cantante. En principio, desde fuera, pero después con una fuerza imposible de refrenar que hizo que todo esto le llegara muy adentro y le impidiera seguir con su carrera artística, con las consecuencias que después veremos.

No entro a juzgar las actuaciones de Michael, sino a describir cómo fue el proceso que comenzó en los años noventa, que resurgió con fuerza entrados los años 2000, y que lo acompañó hasta la tumba.

Y me sorprendo pensando en todo esto e intentando vislumbrar la estructura del fenómeno mientras contemplo uno de los videos más representativos del artista. Es un trabajo anterior a las denuncias por acoso a menores de los años noventa y dos mil. Se trata de *Bad*, un vídeo que se rodó durante seis semanas de noviembre y diciembre de 1986 en una estación de suburbano de Brooklyn, en Nueva York. El director fue nada menos que Martin Scorsese, el escritor, el guionista, Richard Price, y Michael Chapman lo filmó.

Se inspiró en la película de 1961 *West Side Story* y tuvo una versión larga de dieciocho minutos y una más corta de algo más de cuatro minutos.

Se cuenta aquí la historia de Daryl, un chico que vuelve con sus amigos de la infancia después de haber pasado por un colegio de pago. Sus antiguos amigos forman parte de una pandilla callejera, tienen tendencia a la fechoría, y al cabo del tiempo perciben que Daryl ha cambiado y comienzan a rechazarlo cuando ven que él siente aversión por los delitos. Presionado por el grupo, Daryl anuncia que va a cometer un atraco en el metro, pero una vez que está dentro, en vez de atracar al anciano, le advierte del peligro que corre. Sus compinches no asumen esta actitud y entonces el vídeo se convierte en la canción de baile, con un Jackson vestido de cuero cantando que es malo, muy malo, convenciéndonos de sus malas intenciones.

Quincy Jones y Jackson pretendieron en un principio que la canción fuese un dúo entre Michael y Prince, pero este no aceptó. Es decir: se perdió la oportunidad de ver juntos al Príncipe y al Rey.

Uno de los momentos más recordados e icónicos de esta historia es cuando destapan un conducto de ventilación y un chorro de aire cae sobre la cara de Michael, que sigue cantando el estribillo; a mí me recuerda a otra ráfaga famosa, la que alzó la falda de Marilyn en la película de Billy Wilder en 1995, *The seven year itch (La tentación vive arriba)*.

Y yo me pregunto: ¿alguien cree que, pongamos que en el año 2006 o 2007, por ejemplo, Jackson se hubiese atrevido a sacar una canción y a hacer un vídeo emblemático con una letra en la que está reivindicándose como un personaje malvado? Es evidente que no lo podría haber hecho, y sí que lo hizo a mediados de los ochenta. ¿Por qué? Porque por aquel entonces su imagen era la contraria, y de hecho gran parte de la crítica coincidió en el hecho de que este trabajo había ayudado a ofrecer un aspecto más rotundo del artista, al que hasta entonces había acompañado el halo de ser demasiado tierno, demasiado sensible, demasiado «blando». ¡Qué diferencia, con la imagen que hoy en día se ha llegado a transmitir de él! ¿Jackson luchando porque en la prensa se hable de él como alguien duro, malvado, malo...? ¿Un tema que comienza diciendo que nos va a patear el trasero, literalmente? ¿Una letra que después se entretiene en decir: «Pero, amigo mío, no has visto nada. Solo espera hasta que yo llegue»?

El niño bueno haciendo de malo. A tenor de lo que acabo de contar en su perfil psicológico, Jackson jugueteó con la idea de ofrecer una cara de tipo duro, malo, vestido de cuero, amenazante, el terror del suburbano de Brooklyn... Es un episodio más de un Carnaval continuo que fue el que se trajo con su creación. Es el niño disfrazándose, otra vez, de monstruo, pero de monstruo social. Qué poco sospechaba, supongo, lo que vendría pronto, cuando a ojos de todo el mundo se convertiría en el niño malo aparentando ser bueno.

En los detalles están siempre condensadas las grandes historias. Por eso quiero contarle el siguiente. El videoclip de *Bad* se rodó en la estación del Metro de Nueva York llamada Hoyt-Schermerhorn, en Brooklyn como le dije al principio, en el cruce de Hoyt Street y Schermerhorn Street. Resulta que, después de que Jackson muriera, la concejala Letitia James propuso que la estación cambiara de nombre para recordar al cantante o que, al menos, se colocara una placa que recordase que allí se rodó *Bad*. Sin embargo, el Metro de Nueva York se negó.

Y el detalle radica en la duda: ¿habrían dicho que no en caso de que los procesos de desprestigio de los noventa y dos mil no hubiesen hecho mella en la fama de Michael? A mí me caben muchas dudas sobre ello. Hace unas páginas les hablaba de las estatuas de Michael Jackson alrededor de todo el mundo a mediados de los noventa. Y lo cierto es que, después de todo, lo que quedó en pie de su reputación se podría parecer a la estatua descabezada de Ozymandias, precisamente Ramsés II, olvidada en el desierto.

Yo no creo que a Jackson se le olvide, mucho menos a corto plazo. Pero sí que conviene saber cómo fueron esos procesos lentos, irreversibles y rotundos por los cuales, desde los medios de comunicación, se fue erosionando su imagen. Veamos cómo se produjo, antes de preguntarnos quién habría tenido interés en acabar con la vida de Michael.

EL DESPRESTIGIO

Caso Michael Jackson

Me gustaría compartir una reflexión, una reflexión que supongo que surge después de haber estudiado centenares de casos y haber encontrado algo parecido a un patrón. Al cerebro humano le gusta encontrar el método, la estructura que subyace por debajo de los acontecimientos, quizá porque así se siente más seguro y cómodo, al poder anticipar lo que va a venir. Mi querido y admirado Sherlock Holmes resultaba infalible cuando se ponía a la tarea de hallar patrones que se repetían en distintos casos. Nunca me cansaré de citarlo, y cuando se enfrentaba a un caso desconcertante, allá donde otros veían el aspecto más controvertido, es donde él hallaba la piedra sobre la que edificar su investigación, porque veía con claridad la estructura interna de las cosas. Por eso, en este libro en el que estoy compartiendo con usted todos los datos y reflexiones que he elaborado a partir de mis archivos en torno al caso de Michael Jackson, me parece oportuno insertar el siguiente pensamiento.

He estudiado muchas conspiraciones y he encontrado casos en los que no había nada, por mucho que lo pareciera, y casos en los que, en efecto, había un trasfondo, una cortina ocultando lo que se escondía detrás de la aparente realidad. Y sí que existe un patrón cuando se da un fenómeno conspirativo, porque se suelen seguir unas pautas determinadas. Normalmente, cuando alguien es objetivo, cuando alguien es señalado por el sistema que sea o por un grupo de poder, una institución, un ente superior a él, se van dando una serie de pasos que siguen un esquema predeterminado. A veces, si el objetivo no es muy conocido, el manual establece que lo primero es obviarlo, hacer como si no existiera, negarle la propia existencia. Esto, con Michael, es evidente que no era posible: en caso de ser objeto de conspiración, por mucho que se intentase, ¿quién podría negar su presencia, su importancia, su calidad, su fama, su peso en el panorama musical, publicitario, mediático...? A mí me parece claro que ese paso habría quedado descartado de antemano por imposible.

Sin embargo, el segundo de los pasos cuando se quiere someter a alguien a un proceso de desprestigio es el del descrédito. ¿Cuadra todo este proceso con el caso de Michael Jackson? Juzgue usted mismo, pero de entrada le digo que a mí sí me parece que se puede ir siguiendo la plantilla de una manera milimétrica, tal y como voy a contarle ahora en los efectos de ese proceso de desprestigio y en el capítulo siguiente, cuando le relate el hecho de que Michael se sintió objetivo de una conspiración y la manera en la que los acontecimientos financieros y empresariales a su alrededor se fueron tejiendo hasta conformar una tela de araña de la que no pudo escapar. Más allá, le diré que los siguientes pasos en la estrategia para eliminar a alguien incómodo pasan por la amenaza directa, el acoso sin ambages y, finalmente, por la eliminación de la persona.

Existen muchas conspiraciones que se pliegan a este esquema, que además concluye con la búsqueda de un cabeza de turco, de un falso culpable, alguien sobre el que poder cargar las consecuencias finales de todo el proceso. Yo le expongo aquí esta reflexión y sigo contándole cuáles fueron los hechos. Le estoy dando a lo largo del libro todos los instrumentos de los que dispongo, en material y en reflexión, para que usted mismo sea capaz de juzgar el caso con plena independencia.

Y dicho esto, quiero que se venga conmigo al Departamento de Policía de Los Ángeles en Santa Bárbara, California, en el año 1993. Imagine el impacto que tiene en este lugar que tiene como lema el de *«To protect and to serve»*, es decir: «Proteger y servir»,

Michael Jackson y Jordan Chandler

cuando a mediados de año llega la demanda de un dentista, Evan Chandler, que está acusando a Michael Jackson, hasta el momento una estrella mundial inmaculada, de abusar sexualmente de su hijo, que en ese momento tiene trece años. Veamos de dónde viene esto y cuál es la relación entre los protagonistas de esta historia. Primero déjeme contarle los hechos tal cual se conocieron y, después, le ofreceré algún dato más muy interesante y no tan conocido que puede brindar un punto de vista peculiar.

La denuncia llegó en verano y resultó sorprendente porque, desde mayo de 1992, ya era conocida la relación entre Jackson y la familia del menor, de nombre Jordan. Parece que Chandler en principio no pone ningún problema a esta amistad, y que hasta se exhibía presumiendo de que mantenía cierta relación con alguien tan famoso. Chandler estaba separado de su esposa, June, que era la que ostentaba la custodia del hijo, y cuando él le anuncia a ella que piensa interponer una demanda por supuestos abusos de Jackson hacia Jordan, ella no da crédito y se produce un enfrentamiento entre los progenitores del chico. Pero la demanda se interpone, como digo, y Chandler llegó a amenazar con mostrar ciertas evidencias. Jackson deja el caso en manos de uno de sus abogados: Bert Fields, mientras que el letrado de Chandler, Barry K. Rothman, presenta un informe avalando su acusación, material que va firmado por el psiquiatra Mathis Abrams. Por carta, Abrams indica a Rothman que, ante una sospecha razonable, la ley indica que tendría que ponerse en contacto con el Departamento de Servicios para Niños del Condado de Los Ángeles. Un momento vital a mi juicio es el que tiene lugar el 4 de agosto, cuando se produce una reunión entre Chandler, Jordan, Jackson y Anthony Pellicano, que es un investigador privado que había contratado el artista. Aquí es donde se abren negociaciones para que el problema no avance en los tribunales y se resuelva con un acuerdo financiero entre ellos. Parece que el 16 de agosto se rechaza una oferta de 350.000 dólares.

A la par, esto lo encuentro muy significativo, el abogado de la madre, de June, notifica a Rothman que al día siguiente solicitaría el regreso formal de Jordan con ella para acudir a la etapa asiática del *Dangerous World Tour* de Michael. Y es que es precisamente el mismo día en el que Jackson comenzaba la tercera etapa de esta gira es cuando se divulgaron públicamente los hechos relacionados con la demanda. ¿Casualidad? Mi experiencia me indica que las casualidades no existen, rara vez lo hacen, y cuando se dan es porque están preparadas con mucho tiento. Digo.

En fin, tiene que comenzar la gira asiática pero la bomba mediática estalla y consigue un alcance mundial. Ya le he hablado del perfil de Jackson, así que puede usted imaginar el estado de ansiedad en el que todo este asunto lo sumió. No me extraña, por lo tanto, que cancelara el resto de la gira aduciendo problemas de salud que se habían derivado de todo el escándalo.

Pasamos ya a enero de 1994, que es cuando se alcanza un acuerdo económico entre las partes: 23 millones de dólares con los Chandler y una investigación criminal cerrada. La importancia de entender lo siguiente es crucial si queremos despegarnos de las ideas preconcebidas que se tienen del caso: la firma de este acuerdo se ofreció como la prueba de que Jackson admitía de algún modo su culpabilidad, pero esto está muy lejos de la realidad, desde el punto en el que, precisamente en ese acuerdo, existe una consideración al respecto que establece en específico que se trata de un trato de conciliación y que el artista no admitía culpabilidad alguna; es más, es que se establece de modo expreso que legalmente no se podría usar esta firma como una evidencia de culpabilidad en casos futuros, ya fueran civiles o penales.

El acuerdo en sí se firmó «por presuntas lesiones personales derivadas de reclamos por negligencia y no por reclamos de actos intencionales o incorrectos de abuso sexual». Jackson, de hecho, se presentó a todas las sesiones con la intención clara de reforzar su inocencia. El pacto se firmaba también con la indicación de que las partes no darían detalles públicos del caso salvo que se tratara de una testificación en juicio o en una investigación oficial. Hasta el abogado de los Chandler, Larry Feldman, declaró lo siguiente: «Nadie compró el silencio de nadie».

Pero hay mucho más que quiero contarle sobre este episodio. De entrada, siempre me ha resultado curiosa la manera en la que los Chandler y Jackson se conocieron. En las investigaciones hay momentos en los que percibes que una historia tiene algo de singular, y suele tratarse de acontecimientos que quizá en el guion de una obra de ficción pondríamos en duda por resultar llamativos en exceso. Pero créame, esto ocurre en la realidad, y más de lo que sospechamos. ¿Cómo tuvo lugar este encuentro que a la postre resultaría decisivo?

En mayo de 1992, el vehículo que transportaba a Jackson se averió en Wilshire Boulevard, en Los Ángeles. En medio del tráfico, la esposa de Lem Green repara en lo que está pasando, y es que su marido trabaja en Rent-a-Wreck, que es una empresa de alquiler de coches que no dista mucho de ese sitio, apenas algo más de un kilómetro. Green es avisado, acude al sitio a por el vehículo y se lleva a Jackson a la agencia. Y allí, el dueño es Dave Schwartz, la actual pareja de June, exesposa de Evan Chandler. Y así es como se conocen, cuando Schwartz le comunica a June que va a llegar Michael Jackson, que acuda con su hija de seis años y con Jordan, hijo de June y Evan Chandler, su matrimonio anterior. El niño era un fan rendido de Michael, tenía doce años entonces. Su madre le contó al cantante que, siendo muy pequeño, le mandó un dibujo cuando él se quemó el pelo grabando el anuncio para la Pepsi. Le dio su teléfono para que Jackson contactara con ellos si lo deseaba. Green llegó a decir que la madre empujó al niño hacia el cantante, que de algún modo le hizo sentir a este que le debía algo a su hijo, y Michael reaccionó según lo esperado, haciéndose amigo de la familia y colmándola de atenciones, invitaciones y regalos. June y sus hijos, sobre todo Jordan, se convirtieron en visitantes asiduos de Neverland y hasta en acompañantes del artista por sus giras mundiales. Son famosas sus fotos en Mónaco, todos al parecer muy felices.

En mis archivos, una de las fichas que abrí fue la referente al padre del niño, a Evan Chandler, del que hay mucho que decir. Déjeme que le cuente lo esencial y después valoramos. Este hombre nació en el Bronx en el año 1944, el 25 de enero, con el nombre de Evan Robert Charmatz. Siguiendo la tradición familiar de su padre y sus hermanos, se hizo dentista, una profesión que en el fondo odiaba con toda su alma. Él se sentía escritor, y cuando se mudó en 1973 a West Palm Beach, Florida, se cambió el apellido porque Charmatz le sonaba demasiado judío. Esto lo cuenta un compañero de época de aquel tiempo.

No se conformó con seguir ejerciendo como dentista toda la vida, así que, a finales de la década de los setenta, se muda a Los Ángeles persiguiendo el sueño de ser guionista y de entrar en la industria del cine y la televisión. Aquí ya le acompaña su esposa, June Wong, una mujer euroasiática que había ejercido como modelo. De momento, Evan sigue desarrollando la profesión que tanto desprecia. En diciembre de 1978, a raíz de un trabajo que realiza en el Centro Dental Crenshaw Family, el Colegio de Examinadores Dentales lo acusa de no conocer la profesión y de ser ineficaz, después de que se comprobase que restauró dieciséis piezas de la boca de un mismo paciente en una sola visita. Le revocan su licencia y lo suspenden durante noventa días, además de imponerle un plazo de prueba de dos años y medio. Chandler no soporta esto y se muda a Nueva York, donde intenta sin éxito vender el guion de una película.

Regresa entonces a Los Ángeles y cuando nace Jordan a principios de los ochenta, el matrimonio ya atraviesa serios problemas. Según amigos de la familia, el temperamento de él resulta la causa principal para que en 1985 se produzca el divorcio. La custodia, por orden judicial, es para la madre, y Evan Chandler ha de pagarle quinientos dólares al mes en concepto de manutención para el niño. Y aquí me quiero detener para subrayar algo que creo que puede explicar muchas de las cosas ocurridas: cuando se revisaron los documentos en 1993, el año de la denuncia, salió a la luz que el impago de Evan hacia su mujer por la manutención de Jordan ya ascendía a 68.000 dólares.

Tengo otro dato que se me antoja de importancia: en 1992, una de las pacientes de Evan Chandler, una modelo, lo demanda por negligencia después de otra horrible restauración de dentadura. Él alegó que ella había firmado un documento admitiendo conocer los riesgos de la intervención, pero ese documento no apareció por ningún sitio cuando le fue reclamado y él se excusó diciendo que se lo habían robado de la guantera de su Jaguar. En su lugar, presentó un duplicado del que no se pudo comprobar la autenticidad. Y aun así, algo más: en 1992 consiguió hacerse un hueco en una de las películas de Hollywood y firmar como participante en el guion de *Robin Hood: Men in Tights* (*Las locas locas aventuras de Robin Hood*), con Mel Brooks como director.

Lo que quiero decir con todo esto es que este es el hombre y estos son sus antecedentes. Así es como se fragua la denuncia contra Jackson en 1993. ¿Quiero decir con esto que los hechos que estoy contando aseguran la inocencia del cantante? No, ni mucho menos. Pero sí aseguro que, en una investigación, cuando se quiere comprender un fenómeno al completo, es necesario conocer la historia de todos los implicados. Y, o mucho me equivoco, o creo que esta zona de la historia no es conocida en la misma medida que la otra, no ha sido difundida por los medios de comunicación en el mismo rango que los detalles más escabrosos que sí que pudieron perjudicar a la imagen del artista. Está bien, no me extiendo ahora más sobre esta consideración, porque en el capítulo siguiente será donde ofrezca todo lo referente al papel de la prensa en el caso.

Por ahora, sigamos conociendo el modo en el que se fue macerando todo el desprestigio de Michael Jackson a raíz de las investigaciones a las que se vio sometido tanto en la década de los noventa como ya en los años 2000. Mire, quiero destacar también una de las declaraciones de Michael Freeman, que en su día fue el abogado de June Chandler Schwartz, la madre de Jordan, y en la que asegura que hasta que Michael Jackson no entra en la vida de su hijo, a Evan Chandler le preocupó muy poco lo referente al niño. Llegó a decir el letrado que el padre había prometido comprarle un ordenador para que ambos pudiesen escribir juntos, y que jamás cumplió su promesa. De hecho, Chandler también inició otra relación, con una abogada, con la que formó una nueva familia y tuvo otros dos hijos. No parece que él pusiese pega alguna al hecho de que su exmujer y su hijo mantuviesen una amistad con Jackson. Fue él mismo, según algunas fuentes, quien dejó caer la idea de que se construyese un anexo a su casa para que Jackson pudiese pasar tiempo en ella. De aquí pasó directamente a sugerir que el cantante les construyera una casa nueva. Es entonces cuando viajan a Mónaco en ese viaje que le he mencionado antes y en el que June, Jordan y su hermana acuden junto al cantante a los World Music Awards. Evan Chandler, a decir del abogado Freeman, comenzó a sentirse bastante celoso y cada vez más apartado de la relación que mantenían su exmujer y su hijo con Michael. Al regresar de Mónaco es cuando parece que la idea de los supuestos abusos sexuales anida en las sospechas o en la imaginación de Evan Chandler. Las cosas se ponen tensas, la animadversión crece e incluso llega a crearse un gran malestar, inédito hasta entonces, entre Evan Chandler, su exesposa y Dave Schwartz, la nueva pareja de June. A principios de julio de 1993, Dave graba una conversación telefónica con Evan en la que este se queja de que Jackson ya no le llame y en la que anuncia que ha contratado a un abogado para sacar a la luz trapos sucios del cantante, que él podrá ganar mucho dinero con el asunto y que incluso podrá conseguir que no vuelva a vender un disco nunca más.

Como ve, la profundidad del personaje de Evan Chandler me podría llevar a dedicar otro tomo para ocuparme de él en exclusiva. Existen muchos más datos sobre él, pero mi intención ahora no es agotar esa vía, porque este libro trata sobre Michael Jackson y sobre la manera y las circunstancias en las que se produce su muerte. Y en este tramo del relato, lo que estoy haciendo es delimitar la manera en la que tiene lugar y se macera el desprestigio público de Michael Jackson hasta un punto que no tendría retorno. Pero permítame que le cuente al menos cómo acabó todo en la década de los noventa.

Ya le he dicho que se produce un acuerdo de demanda el 25 de enero de 1994. El jurado se disuelve sin devolver una acusación contra Jackson, ya que no existen pruebas directas de ningún tipo de abuso, y esto a pesar de que se extendió la sesión durante noventa días más para permitir que el fiscal Sneddon consiguiera evidencias. Después hablaremos de Sneddon, otro gran nombre propio en toda la historia. A vuelapluma, añadiré un par de datos más que redondean este pasaje: en 1996, Evan Chandler demandó a Michael pidiendo sesenta millones de euros y para ello alegó que el cantante había incumplido su parte del acuerdo en lo referente a no hablar del caso. En el año 1999 un tribunal desestimó la demanda y falló a favor de Jackson. Jordan, en 1994 y con solo catorce años, consiguió emanciparse legalmente de sus padres, y el colofón llega en 2009, el 5 de noviembre, con Jackson ya fallecido, porque ese día Evan Chandler fue hallado cadáver, después de haberse suicidado, presuntamente. Como podrá entender, no hay una película, sino muchas, muchísimas, amalgamadas en todo este argumento. Muchas veces tengo la impresión de que Michael Jackson es como un terreno tan fértil que todo lo que lances a él germina y brota en forma de relato apasionante.

En fin, el cuerpo de Evan fue hallado en su apartamento en las Liberty View Towers, en Jersey City, Nueva Jersey; tenía 65 años. El Daily Telegraph informó de que el cadáver presentaba un tiro en la cabeza y de que no se había hallado nota de suicidio alguna.

Y ahora que he trazado las líneas fundamentales de lo que pasó con la acusación de los años noventa, ahora que ya sabe cómo ocurrió todo y, más aún, cómo finalizó, es momento de entrar en detalles. Me gusta que mis archivos se expandan a lo ancho, quiero decir, que una vez que las historias están contadas, se puedan abrir puertas laterales para recrearse en ciertos aspectos que, aunque puedan parecer excesivamente morbosos, lo cierto es que me ayudan a comprender las consecuencias de los hechos. Por eso voy a contarle ahora una de las intrahistorias que más pueden conmover. Lea con atención, por favor, porque a mí me ha dejado ojiplática.

En medio de todas estas investigaciones, la Policía de Los Ángeles obtiene permiso para llevar a cabo un registro que verifique la descripción que en las pesquisas iniciales llegó a hacer Jordan Chandler de la anatomía privada de Jackson. Así es. Se autoriza entonces la entrada en casa y la toma de fotografías y de vídeo de las partes más íntimas de Jackson, incluyendo su pene, su ano, su cadera y sus glúteos. Se avisa además a Michael de que, si se negaba, sería tomado como indicio de culpabilidad. De modo que el 20 de diciembre de 1993, en Neverland, se lleva a cabo esta tremenda acción; en ella toman parte Tom Sneddon, el fiscal del distrito, además de un fotógrafo, un detective y un médico. En representación de Michael, un médico, un detective, dos abogados, un guardaespaldas y un fotógrafo. Y tiene lugar el examen, con el cantante subido a una plataforma durante una media hora, mientras los presentes cumplen con esa inspección ocular. Por parte de

Jordan, están el fotógrafo y el médico. Por parte de Michael, todos los que han venido con él.

¿Y qué ocurre? Pues que los resultados desmienten por completo que la descripción del niño coincida con el cuerpo de Jackson. Jordan dijo que Michael tenía manchas —lógico, padecía vitíligo—, y dijo también que estaba circuncidado, cosa que no era cierta. Respecto al vitíligo, yo sé que se ha escrito mucho sobre él y sobre si Jackson lo padecía o no. De hecho, repasando todas mis notas, encuentro publicaciones de antes de 2009 que desmienten que el cantante padeciera esta dolencia. Pero tenemos un dato indudable: la autopsia, que confirmó de una vez por todas que sí, que el cantante padecía esta afección de la piel.

Se trata de una pérdida de color en ciertas zonas, de forma que resulta impredecible anticipar la velocidad y la extensión de esto, hasta el punto de que es posible que se den los síntomas en la piel, el cuero cabelludo e incluso en el interior de la boca. Pero si hablo ahora de esto no es para detenerme en detalles médicos, porque luego le ofreceré todo lo relacionado con la autopsia, sino para preguntarme algo: ¿acaso este episodio no explica una de las motivaciones principales de Jackson a la hora de firmar un acuerdo y evitar que esto siguiera adelante? ¿Por qué se dice que Michael no quiso llegar a juicio por otros motivos? ¿Acaso no pesó enormemente el terror a que estas imágenes salieran a la luz, como hubiese ocurrido en caso de que el juicio se celebrase? ¿No fue el pudor, la vejación, lo que lo animó a negociar? Hace mucho tiempo que estas preguntas acuden a mí, y me parecen justificadas, o tal vez no. Reconozco que este episodio me ha impresionado. Amén.

Y sí, es momento de que hablemos de un personaje más que tuvo una enorme importancia tanto en los noventa como en los dos mil: el fiscal Thomas W. Sneddon Jr. Quiero referirme a él no solo por su protagonismo en las acusaciones de 1993 y en el juicio de los años dos mil, sino también porque existen algunos puntos de él que me parecen reseñables, y que debe conocer para que disponga de todos los datos.

Pues bien, este hombre fue el fiscal de distrito del Condado de Santa Bárbara, en California; contó con más de dos décadas de experiencia como fiscal de distrito y con más de tres como fiscal. Y, sin ninguna duda, su gran fama se debe a su actuación contra Michael Jackson, tanto en los noventa como en 2005, cuando el cantante fue absuelto. Perteneció al equipo de boxeo en la universidad, conoció a su mujer en la Facultad de Derecho de UCLA, sirvió en Vietnam y se mantuvo como Fiscal de Distrito en Santa Bárbara desde 1983 hasta 2010. A mí, de su biografía, lo que más me llama la atención es que fuese padre de nueve hijos y que, además, estuviese totalmente implicado en causas a favor de los menores, en especial en organismos que se ocupaban de velar por que se cumpliesen las atenciones de menores después de los juicios. Y lo digo porque me parece que es una faceta necesaria para conocer mejor a la persona que hizo todo, absolutamente todo lo que estaba en su mano, por encontrar algo contra Michael Jackson en todas las acusaciones de abusos de menores que llegaron a la fiscalía. No creo que alguien que ha sido padre nueve veces y que se implica a fondo en cuestiones de menores dejase un solo cajón por abrir. Por lo menos, yo lo percibo así.

Después veremos que la Fiscalía se desvivió por seguir investigando; estudiando el caso, a mí me da la impresión de que existe una forma de voracidad en Sneddon que ha puesto el ojo de cazador sobre Jackson y que no quiere que se le escape la pieza. Pero Jackson fue declarado no culpable de todos los cargos. Sneddon murió en 2014, a los setenta y tres años, y hasta el fin de sus días negó haber escuchado la canción *D.S.* que Michael Jackson le dedicó en 1995, dentro del disco de *HIStory: Past, Present and Future Book I*. Tengo que añadir un dato que acaba por dar la nota definitiva a este dibujo con tantos claroscuros: en 2005, mientras se celebraba el juicio contra Michael Jackson, los fans del cantante se reunían cada día frente a la casa de Sneddon y cantaban a coro *D. S.*:

They want to get my ass / Dead or alive / You know he really tried to take me down by surprise... Dom Sheldon is a cold man...

FBI, investigación federal

Es posible que le sorprenda la pregunta que voy a hacerle ahora: ¿cuántos archivos abrió el FBI con Michael Jackson como protagonista? Pues no fueron ni uno, ni dos, ni tres... sino hasta ocho. Ocho dosieres en los que también podríamos detenernos mientras yo saco todas mis carpetas y vamos dando cuenta uno a uno de todos ellos. Pero tampoco estamos aquí para agotar esa vía, sino para conocer lo que en esos archivos se dice acerca de nuestro protagonista y que a mí me permita explicarle las circunstancias de por qué considero que Jackson, en efecto, fue un objetivo.

De esos ocho trabajos del FBI sobre Michael, le digo que el segundo y el tercero se ocupan de las acusaciones que acabamos de conocer, las de 1993. Claro está, son pesquisas que se abren a partir de las acusaciones del padre de Jordan Chandler y que no se quedan en la ciudad de Los Ángeles. Buena prueba de la importancia que le dieron al asunto y del trabajo tan esmerado que hicieron es que las investigaciones se extienden más allá, llegando a Nueva York, Londres y Manila. Se van siguiendo diferentes pistas y se interroga a una multitud de testigos de los cuales no se da ningún nombre. Pero los informes acaban llegando a la policía, que compara estos datos con los suyos propios. En concreto, se trabaja en otro posible caso de abuso sexual en Londres. Y, sin embargo, nada de este material minucioso y estudiado a fondo brinda a la Fiscalía indicio alguno para poder continuar con el caso.

El cuarto de los archivos del FBI sobre Jackson se abre cuando en 1995 un agente de aduanas de Estados Unidos afirma tener un

Investigación del FBI a Michael Jackson, efectuada en el año 2004

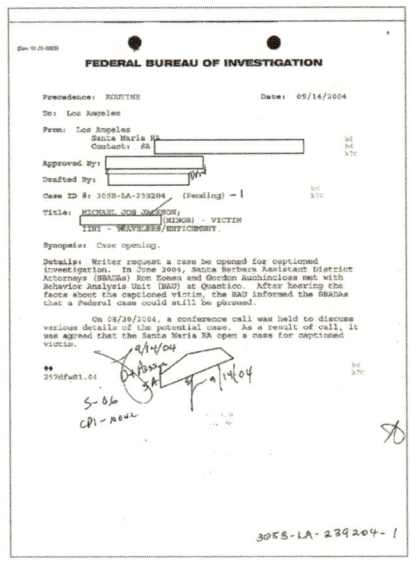
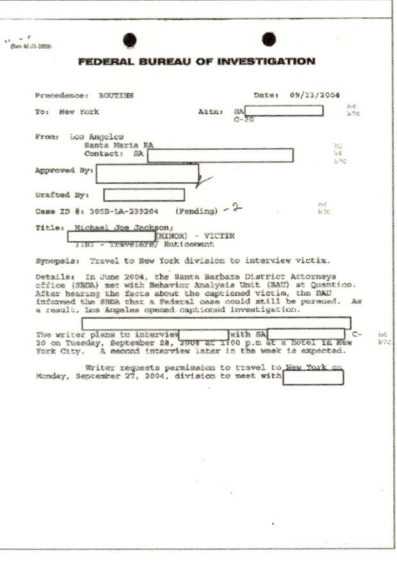

vídeo que conecta a Jackson con un caso de pornografía infantil. Con especialistas forenses, los federales analizan el material, que consiste en una serie de grabaciones superpuestas, de muy mala calidad, y que no concluye nada. De nuevo, como decía el poeta José Hierro: después de tanto, todo para nada.

Y los tres últimos archivos ya tienen que ver con el caso de 2005, abierto en 2003 y que consta de diez cargos. Ellos sirven de apoyo a las investigaciones de la policía. Pero de esto quiero escribir en el apartado siguiente.

De momento, me quedo con esa respuesta, que siempre resulta impactante: ¿cuántos archivos abrió el FBI contra Michael Jackson? Ocho. Sin duda, no fue por no investigar.

Juicio a Jackson por abuso de menores

Si lo que le he relatado hasta ahora justifica en gran medida el cansancio de Jackson, así como su descrédito social, lo que ahora cuento sería la puntilla. Si quedaba alguna duda de que la reputación del cantante se encontraba en entredicho, a seis años de su muerte se produjo el caso que hundiría del todo su imagen. Un torpedo en toda la línea de flotación. Se avecinaba un hundimiento a los abismos, y todo a pesar de que, como le expongo a

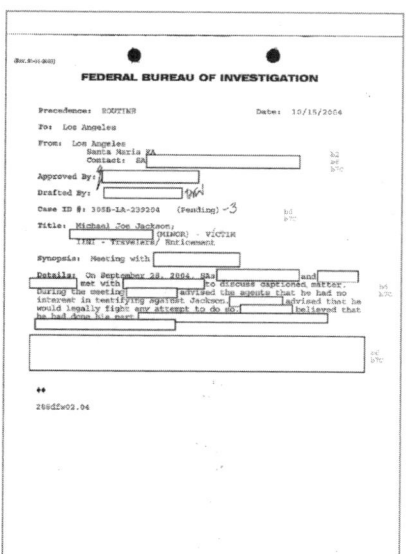
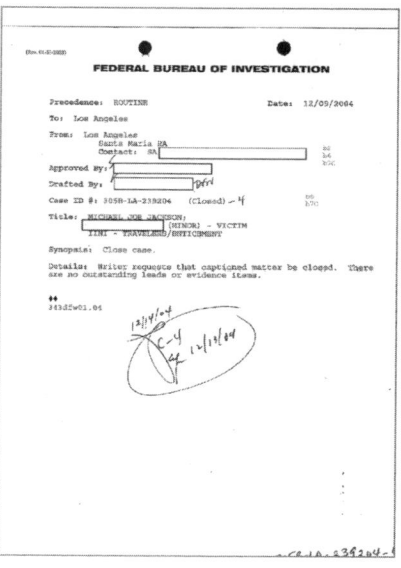

continuación, el proceso judicial es favorable a Jackson. Cuando repaso mis notas y llego a este punto, siempre tengo la duda de si este fue el último momento en el que hubo una salvación posible para Michael. Y siempre salgo con la sensación de que me hallo sobre ese punto de no retorno del que hablan los científicos y que hace imposible ya una vuelta al estado anterior. Creo que en 2003 la muerte ganó enteros en su cotización, y que supo que Jackson ya era suyo, aunque tuviera que esperar unos cuantos años más.

Aquí tenemos al fiscal Sneddon, que vuelve a la carga en 2003 y decide abrir en junio de 2003 una nueva investigación sobre Jackson, que esta vez se va a prolongar durante dos años y que contiene unas dos mil páginas de testimonios. Pero para ofrecerle un relato claro de los hechos, y como tengo en cuenta que a estas alturas mucha de la información andará mezclada, haré lo mismo que en el caso de los noventa: primero le contaré lo que ocurrió de forma directa y después me detendré en algunos de los puntos que se me antojan jugosos de cara a comentar mis reflexiones sobre el asunto.

Saco la carpeta que he encabezado con el título exacto y oficial del juicio: «*1133603: The People of the State of California v. Michael Joe Jackson*». El pueblo contra Michael Jackson, podríamos resumir.

En junio de 2003 nuestro conocido fiscal Sneddon reabre las investigaciones contra Michael a raíz de la acusación de la madre del niño Gavin Garvizo. Estos nuevos trabajos se prolongarán durante dos años y los testimonios ocuparán casi dos mil páginas. Ya en agosto, fueron interrogados tanto el niño Gavin como su madre, Janet, y su hermano pequeño, Star. Por lo que sabemos, el menor afirmó ante la policía que Jackson lo habría incomodado entre los meses de febrero y marzo de 2003; la madre, para más inri, denuncia que Jackson mantuvo durante todo este tiempo a la familia recluida contra su voluntad en Neverland.

Como ya he dicho antes, Sneddon parece ansioso por repetir la busca y captura, la caza al hombre, que se le ha escapado varios años antes y se lanza en picado otra vez.

El 18 de noviembre de 2003 las puertas de Neverland se abren de nuevo para que la policía entre a realizar una investigación exhaustiva a lo largo y ancho de toda la propiedad. A pesar de todos estos intentos y de las fuerzas renovadas de la fiscalía y de la policía, no se haya nada sospechoso.

No obstante, lejos de acabar la pesadilla del artista, esta solo acaba de empezar, como puede comprobarse cuando, el 23 de noviembre, los agentes regresan a su hogar, lo arrestan y lo llevan esposado a la comisaría de Santa Bárbara. Allí permanece una hora, después de la cual sale tras haber pagado tres millones de dólares de fianza.

Me parece que uno de los documentos más icónicos de todo este proceso y sin duda con el que yo ilustraría si así me lo pidieran el proceso de descrédito de Jackson, es la ficha de detención que le muestro a continuación. Porque nunca dejó de estar detenido. Jackson, desde entonces, así lo entiendo después de mis investigaciones, ya fue culpable para siempre ante gran parte de la opinión pública y, por supuesto, para la casi totalidad de la opinión publicada, es decir, de los medios de comunicación, que encontraron en la caída de Michael a su noticia predilecta.

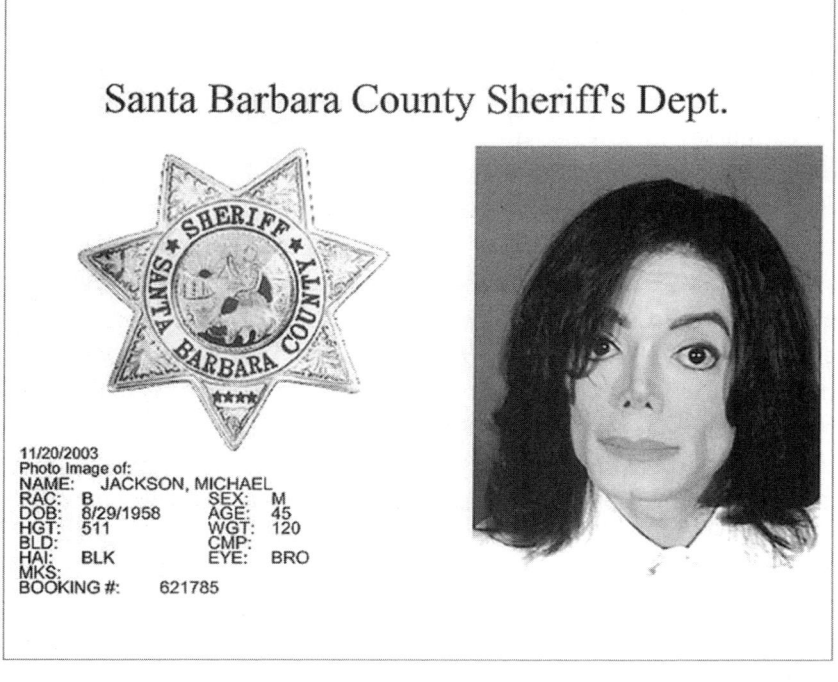

Ficha de detención del cantante. Departamento del Sheriff del Condado de Santa Bárbara, 2003

El fiscal del caso, Thomas Sneddon, como ya he comentado antes, entró en efervescencia. Si le quedó algo por hacer la vez anterior, en esta ocasión redobló sus esfuerzos y llegó al máximo de interés para conseguir algo, lo que fuera, para poder incriminar a Jackson. Tengo la impresión de que él fue buscando el caso más que el caso a él, e intuyo una molestia por su parte cuando, cada vez que busca, no encuentra; y eso lo hace incombustible, imparable, con un ansia de lo que él entiende por justicia que hará que no se detenga ante nada.

Jackson reacciona a todo esto con un comunicado en el que sostiene que todos los cargos que se esgrimen contra él están basados en una mentira. Me resulta muy llamativo el hecho de que se produjera de inmediato y a nivel mundial un fenómeno de apoyo masivo hacia el cantante por parte de sus seguidores. Sí, hubo manifestaciones, y muchas, a favor de Michael.

Y él llegó a más: en una entrevista afirmó que había sufrido maltrato dentro de las dependencias policiales durante su detención. Por supuesto, insistió en su inocencia, pero anuncia un cambio esencial respecto a lo que pasó en 1993, y es que esta vez sí está dispuesto a ir a juicio. Como he dicho antes, en el caso se había sobrepasado la línea de no retorno, y esto explica a mi parecer esta actitud del cantante, que ya no parece dispuesto a llegar a ningún tipo de entendimiento sino que, dolido en lo más íntimo, ya me recuerda a un animal acorralado que sale de su cueva para jugar sus últimas y desesperadas bazas.

El 18 de diciembre de 2003 la acusación toma forma legal y Michael Jackson es acusado de diez cargos: siete por supuesto abuso sexual infantil, dos por administración de sustancia tóxica con la intención de cometer delito grave y un último cargo por secuestro.

Estoy repasando ahora el documento de siete páginas en el que el juez resume toda esta acusación. Y reitero la extensión inusitada del dosier de la investigación, que consta en concreto de 1903 páginas. En esta investigación se incluyen los testimonios de cuarenta y un testigos.

De modo que el Pueblo contra Jackson: caso 1133603; el juicio penal se celebró en 2005 en el Tribunal Superior del Condado de Santa Bárbara, California, el mismo lugar en el que fue acusado de abusar sexualmente de Arvizo. Puedo decir que hasta la fecha fue el juicio más caro de la historia de EEUU, y que el proceso se prolongó durante meses y meses, desde que Jackson comparece el 16 de enero de 2004 hasta el 13 de junio de 2005. Es un periodo de tiempo en el que prestan testimonio ciento treinta y cinco personas. En caso de haber sido condenado, le esperaban veinte años de cárcel.

Presidió el jurado el juez Rodney Melville, que desestimó veintiuna mociones antes del juicio, que prohibió la presencia de las cámaras dentro de la sala y que impuso silencio a las partes; este juez se manejó con extremo cuidado, hasta el punto de que retrasó la selección del jurado durante una semana esperando que Jackson saliera del hospital, donde había sido ingresado por una fuerte gripe.

Alguno de los testigos de cargo más relevantes:

Martin Bashir: entrevistó a Jackson para rodar su documental —con el que comenzó el juicio—, Viviendo con Michael Jackson.

Personal al servicio del rancho Neverland: los más relevantes fueron Ralph Cahcon, un exguardia de seguridad de Neverland, y Adian Mcmanus, exdoncella del rancho.

June Chandler: la madre de la presunta víctima de abuso.

Gavin Arvizo: otra supuesta víctima de abuso sexual.

Janet Arvizo: madre de Gavin, y la testigo más importante para la fiscalía.

Testigos más relevantes de la defensa:

Wade Robson: declaró como primer testigo de la defensa (uno de los hombres que en 2019 protagonizó su particular denuncia por abusos a través del documental Leaving Neverland. *No obstante, en esta ocasión, su testimonio fue a favor de Jackson. De ser ciertas sus acusaciones vertidas en el documental, en este juicio habría cometido perjurio.*

Macaulay Culkin: testificó que había dormido con Jackson muchas veces, pero que nunca había sido acosado por él.

Chris Tucker: conocido humorista. Testificó que Jackson sentía pena por los Arvizo y les obsequiaba con dinero y muchos regalos. Tucker dijo que personalmente había transmitido a Jackson sus sospechas sobre ellos.

Uno de los momentos que más me atraen es cuando en marzo, el día en el que Gavin Arvizo iba a declarar, Jackson se retrasa. El juez Melville no dudó en emitir una orden de arresto contra él y anunciar una fianza de tres millones de dólares que el acusado perdería si no se presentaba ante el tribunal antes de una hora. Pues bien, una hora y diez minutos más tarde, Michael Jackson entró en el juzgado vestido con pijama, llorando y excusándose por haberse caído en la ducha y haberse dañado gravemente el pecho. Esta última circunstancia, en realidad, la explicó después, en una conversación aparte.

Puedo imaginar y espero que usted también, lector, las dudas, el peso de la responsabilidad, en fin, el estado de incertidumbre que pudo empapar a los miembros del jurado durante las treinta y dos horas que, esparcidas a lo largo de una semana, duraron sus deliberaciones. Se produjo una votación inicial en la que nueve jurados votaron a favor de la absolución de Jackson frente a tres, que lo consideraron culpable. El 13 de junio de 2005 comunicaron su veredicto: no culpable de todos los cargos.

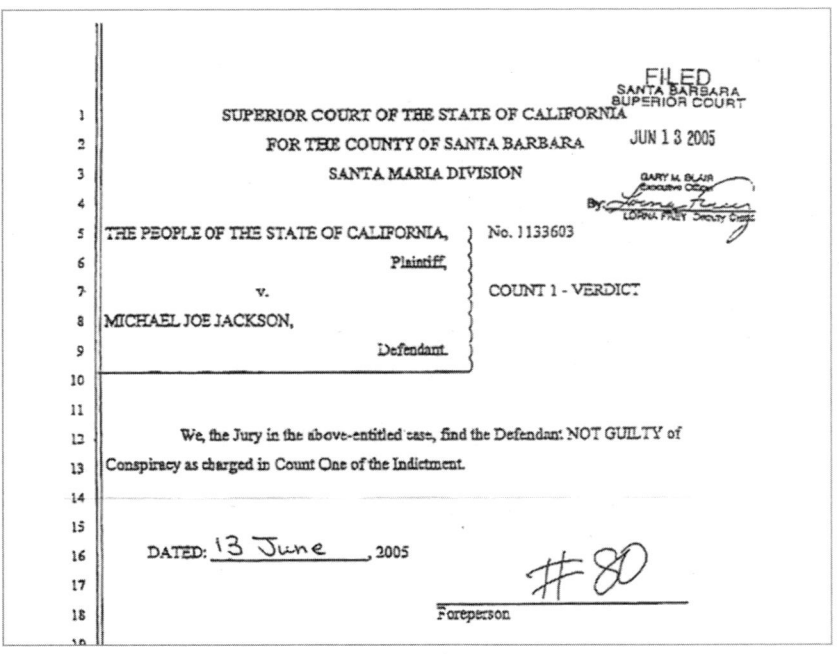

Veredicto de absolución de la Corte del estado de California, por el Condado de Santa Bárbara, división de Santa María, 2005

Sneddon no tardó en achacar al peso de la fama de Jackson el sentido del voto del jurado. Lo que me pregunto es si esa fama, a estas alturas, resultaba beneficiosa o nefastamente perjudicial. Quiero añadir aquí una declaración del abogado Gari Dunlap que sostuvo que era notorio que el fiscal actuaba en el juicio como si estuviese ante una oportunidad de redimirse de lo que había ocurrido en el año 1993. Lo dijo en esos mismos términos. También añadió que en el proceso se permitieron testimonios que ya se habían empleado en la investigación de años antes, porque se quería saber si existía una propensión mantenida en el tiempo hacia ciertos delitos. Y esto, evidentemente, fue propuesto por la fiscalía en un intento de demostrar que, en efecto, existía un patrón delictivo en la actuación de Jackson, porque Sneddon siempre actuó como si entendiera que Neverland fuese un territorio escondido en el que el artista atraía a los niños con el cebo del parque de atracciones mientras seducía a los padres con regalos millonarios.

Como le he dicho antes, una vez que he explicado los hechos del juicio siguiendo un esquema básico de planteamiento, nudo y

El periodista Martin Bashir

desenlace, quiero detenerme ahora en alguno de los aspectos que me parecen más peculiares y que, como expresaría un análisis holmesiano, pueden ofrecer las claves para comprender lo que está más allá del telón aparente de la realidad.

De entrada, resulta muy llamativo que el juicio comenzase con la emisión del documental producido por Granada Televisión, titulado *Living with Michael Jackson*. Este es un material firmado por el periodista británico Martin Bashir, que es otro de los nombres particulares sobre los que podríamos extendernos a lo largo de cientos de páginas, probablemente sin agotar todo lo que de él hay que decir. Tiene que saber que este periodista, durante ocho meses —desde mayo de 2002 hasta enero de 2003—, estuvo entrevistando a Michael Jackson en su más estricta intimidad. A él lo había convencido diciéndole que iba a mostrar de una vez por todas al mundo su verdad.

Según tengo entendido, fue el amigo íntimo de Michael, el israelí Uri Geller, quien le sugirió que aceptara la propuesta; a Geller lo conocemos por sus condiciones de ilusionista desde que se hizo famoso doblando cucharas y poniendo en marcha relojes detenidos a través de la tele. Desde luego, si la intención de Bashir era la de mostrar, tal cual, al rey del pop, en algún momento de esos ocho meses cambió su idea. El resultado del documental es una cinta en la que se afirma que Jackson está poco menos que enganchado a la cirugía estética y donde se insiste machaconamente en que el artista invita a niños a su habitación.

Michael se sintió tan traicionado al comprobar que la película ofrecía una imagen distorsionada de él que se lanzó a producir un documental refutándolo. Por cierto, Madonna dijo respecto a la cinta de Bashir que «sonaba asqueroso, como si Bashir explotara una amistad. Dios va a tener su venganza». Él, por su parte, dijo que no estaba acusando a nadie de ser un pedófilo y que consideraba que su punto de vista había sido justo. Tengo que añadir que después de morir el cantante, Bashir afirmó tajantemente, ahora sí, que nunca vio ningún delito mientras preparaba el documental.

Otro punto es el de Janet, la madre del niño Gavin Arvizo, porque llama mucho la atención que durante el periodo en el que ella afirmó haber estado secuestrada en Londres por parte de Michael Jackson, salieran a la luz tiques de manicura, de compras, de una actividad más bien frenética en centros comerciales.

Sabemos, además, que esta mujer ya había denunciado previamente por abusos al propio padre del niño y al dueño de una juguetería; esta última denuncia, por cierto, la interpuso después de que la sorprendieran, a ella y a sus hijos, robando en el establecimiento. Añadamos a su currículum que a finales de los años noventa mintió al periódico San Francisco Sun, que recaudó en una campaña casi un millón de dólares para curar de cáncer a Gavin, cuando ese tratamiento ya estaba cubierto por el seguro de su marido. El exmarido, por cierto, dijo de ella que era una mujer «obsesionada con las celebridades» y la compañía firmó un informe que en 2001 la definió como «neurótica e inestable».

No culpable de todos los cargos. A pesar de la conclusión del juicio, a pesar del veredicto y de la sentencia absolutoria, como he empezado diciendo, la victoria de Jackson fue pírrica, y sé que frecuentemente este adjetivo se emplea mal; yo lo estoy empleando de manera correcta, porque pírrico alude a una victoria en la que se pierde más de lo que se gana, y lo que sostengo con rotundidad es que Michael ganó un juicio y perdió definitivamente el prestigio. Sin embargo, este proceso no concluyó con su muerte, tal y como voy a contar en el siguiente punto.

El documental que mece la cuna

Se suele decir que la muerte pone fin a todo, pero en este caso no es así. Años después del fallecimiento de Jackson, Michael vuelve a danzar de forma macabra en los medios de comunicación como si de un nuevo vídeo de *Thriller* se tratara.

El 25 de enero de 2019, en el Festival de Cine de Sundance, se estrena el documental *Leaving Neverland*, dirigido, producido y guionizado por Dan Reed y con Wade Robson y Jimmy Safechuck como narradores. Es una coproducción entre la británica Channel 4 y la estadounidense HBO. Ambos protagonistas afirman que sufrieron abusos sexuales por parte de Michael Jackson cuando eran niños, y que todo esto ha tenido un efecto devastador sobre ellos y sus familias.

Cuento esto aquí porque hasta ahora, en el momento en el que estoy escribiendo este libro, se ha producido el último golpe en el prestigio de Michael Jackson y, a fin de cuentas, estoy cerrando

Cartel del documental Leaving Neverland *y fotogramas del mismo (fuente:Imdb) Arriba, el cantante con James Safechuck, y, en la página siguiente, con Wade Robson, y Joy Robson*

aquí el capítulo dedicado a explicar la manera irreversible en la que su imagen quedó dañada para siempre. Fue ya en 2015 cuando Robson y Safechuck intentaron reabrir el caso de los supuestos abusos, ya que vieron cómo, tras la muerte del Rey del Pop, sus demandas fueron archivadas.

En 2013 y 2014 presentaron nuevas demandas contra los herederos de Jackson. Sin embargo, no lo consiguieron, y el resultado es ese documental del que ya he dicho públicamente varias cosas:

De entrada, atestigua que el proceso de deterioro del prestigio de Jackson prosigue tras su muerte.

Me falta en el documental la versión de la familia del cantante o de alguno de sus allegados.

El documental, eso es incontestable, ha tenido una consecuencia económica evidente ya que, a raíz de su emisión, una serie de radios han dejado de emitir la música de Michael Jackson y el valor del rancho de Neverland ha caído en picado.

Hasta aquí mis consideraciones acerca del efecto que todos los procesos contra nuestro protagonista tuvieron sobre su halo, con unas consecuencias económicas, psicológicas y profesionales de las que me ocuparé en las páginas siguientes. Por ahora, y sin entrar en más valoraciones, espero haber dado fe suficiente de la existencia misma de estos procesos porque considero que son un punto neurálgico en ese sendero que conduce a Jackson, inexorablemente, hacia el precipicio de su muerte en 2009.

WE ARE THE WORLD

Para mí, los años ochenta consisten en que en la televisión se emita el vídeo de *We Are the World*. Dicen que el sentido del oído y el del olfato son los sentidos de la memoria. Debe de ser verdad, porque es inmediato: escucho las primeras notas del vídeo, aparece la bola del mundo girando, y en mi cabeza ya sé que el presidente de Estados Unidos es Ronald Reagan y que el Papa es Juan Pablo II. Estamos a mitad de los años ochenta, la hambruna castiga África, con mano muy dura en Etiopía, y las imágenes de los niños moviéndose a pesar de su aspecto cadavérico han conmovido a millones y millones de personas. Sí, pero ¿qué hacer?

El activista Harry Belafonte se pone en marcha y, después de contactar con varios músicos, encarga a Michael Jackson y a Lionel Richie la misión de escribir el tema. Se ponen a ello y la tienen lista en siete semanas. El omnipresente Quincy Jones sería el productor, junto a Michael Omartian.

Y el 7 de marzo de 1985, Columbia Records publicó el resultado final y el mundo escuchó la obra que habían creado con la intención de que todos los beneficios que se obtuvieran fuesen dedicados a mitigar el hambre en África. *USA for Africa* es lo que

Jackson en la grabación del disco USA for Africa: We Are the World *(1985)*

Foto de la grabación del disco USA for Africa: We Are the World *(1985). En la imagen: Harry Belafonte, Michael Jackson, Billy Joel, Lionel Richie, Smokey Robinson, Diana Ross, Stevie Wonder, Kim Carnes, Ray Charles, Cyndi Lauper, Kenny Rogers, Paul Simon, Bruce Springsteen, y Tina Turner (fuente: Imdb)*

leemos cuando se nos acerca el mundo al principio del vídeo, y ya entendemos que estamos ante un fenómeno global. No es un producto para América. Sino para todo el planeta.

Por supuesto, el éxito fue arrasador. Se vendieron más de veinte millones de copias, se recaudaron más de sesenta y tres millones de dólares, y la canción recibió un cuádruple disco de platino.

La grabación se había realizado poco antes, del 22 al 28 de enero de 1985. Quincy Jones, el productor, había enviado una invitación a cada uno de los artistas intervinientes en la que les había pedido que «dejasen el ego en la puerta». Puede sonar excesivo, pero tenemos que pensar que estamos hablando de estrellas mundiales y, conjuntarlas a todas, reunirlas, someterlas a una breve intervención cantando de apenas un par de frases y que Michael Jackson quedara por encima de todas ellas en presencia, no debió de ser nada fácil.

A la convocatoria responden cuarenta y cinco músicos y en la canción participan veintiún vocalistas: Lionel Richie, Stevie

Paul Simon, Kim Carnes, Michael Jackson y Diana Ross (fuente: Imdb)

Wonder, Paul Simon, Kenny Rogers, James Ingram, Tina Turner, Billy Joel, Diana Ross, Dionne Warwick, Willie Nelson, Al Jarreau, Bruce Springsteen, Kenny Loggins, Steve Perry, Daryl Hall, Huey Lewis, Cyndi Lauper, Kim Carnes, Bob Dylan, Ray Charles y, por supuesto, Michael Jackson, que brilló con luz propia aun en medio de esa constelación de artistas, lo cual nos da una idea de la talla del músico y de lo alto que estaba en la estima musical y popular. En la percusión, Phil Collins. En los coros, entre otros muchos, los Jackson 5.

El día 5 de abril se produjo un hecho que hoy en día todavía sorprende, y es que más de cinco mil emisoras de radio reprodujeron *We Are the World* a la vez en todo el mundo. Tiene mucho que ver con ese espíritu global. La canción fue una red en torno a todos los países, antes de internet, antes de la globalización, Jackson ya había apuntado hacia ese modo de entender cómo se afrontan las peores vicisitudes.

Un testimonio que he encontrado y que viene muy al hilo de todo lo que estoy contando y argumentando es el de Elias Kifle Maraim Beyene, que habló después de la muerte de Michael Jackson para explicar el impacto que aquello tuvo veinticinco años antes: «Nunca lo olvidaré. Su contribución con la canción *We Are the World* tuvo un efecto muy significativo en mi vida. Hace veinticinco años vivía en Addis Abeba, en Etiopía, azotada por una larga sequía y hambruna. Fue terrible. Muchos enfermaron y muchos más fallecieron. Un millón de personas murió de hambre. Michael y otros artistas crearon esta canción, recaudaron fondos y muchos nos beneficiamos de todo eso. Nos dieron harina de trigo, que era distinta a la que se encontraba en el mercado, y con ella hicimos un pan especial. Y ese pan, suave y delicioso, fue llamado *Michael Bread*, el Pan Michael».

Resulta conmovedor y señala hasta qué punto la situación era gravísima, que acaben conociendo un pan con tu nombre. Michael Pan, diríamos en español, y los azares de los idiomas hacen que esto se parezca a Peter Pan, su tan querido personaje y al que tanto se asemeja. Casualidades de las palabras, siempre juguetonas.

Pero si estoy hablando de esta canción que una y otra vez he escuchado mientras trabajaba en este libro, es para introducir el capítulo de Jackson como objetivo. ¿Qué relación puede haber? Una muy directa.

Como una figura de muchas caras, Jackson era complejo y tenía múltiples facetas, y una de ellas, y no menor, era la de ese hombre que miraba al mundo como un vecindario y sentía que ahí también había terreno para la innovación. Muchas veces lo escuchamos afirmar que él sentía que la música era una herramienta para cambiar el mundo. Su música, en concreto, yo creo que él la concebía como una suerte de magia que derramar sobre los problemas del planeta para que quedasen resueltos.

Cierto es que, también aquí, podemos juzgar esta actitud como propia de un niño, una visión pueril de las cosas que no siempre resultan tan fáciles de arreglar. Pero así es como piensa una persona mayor, con los códigos propios del adulto. Quién sabe, a veces el modo infantil de afrontar los asuntos resulta más eficaz porque, de entrada, tiene el atrevimiento de pensar que todo es posible. Como en las notas del *We are the world*, en la imaginación de Jackson era posible que los Estados Unidos se reuniesen en las voces de sus cantantes más punteros y que se dieran a la tarea de cantar para que se acabase el hambre extrema en África.

Mi teoría pasa por entender que Jackson se había convertido en una voz peligrosa: no por su dulzura, no por su genio musical, sino por la repercusión mastodóntica que tenía todo cuanto hacía, decía y emprendía. Un artista que, en mitad de los ochenta, planta cara al hambre en el mundo y consigue parar millones de muertes es, si lo pensamos, una denuncia clara: ¿esto lo pueden hacer un grupo de cantantes capitaneados por Jackson y el sistema político, económico y financiero no puede hacer nada? Si esas preguntas van prendiendo en la mente, la mecha es larga y puede llegar a convertirse en un verdadero polvorín. Hacer estallar ese polvorín es algo que no conviene a ninguno de los estamentos implicados en asuntos muy altos.

Recuerdo ahora las palabras del presidente Eisenhower cuando abandonaba la Casa Blanca después de su mandato y advertía públicamente del peligro que entrañaba para la democracia el poder descontrolado de la industria del armamento. Si un presidente como Dwight D. Eisenhower, que no fue sospechoso precisamente de ser progresista y que de hecho fue un experimentado y reputado militar, decía esto en 1961, ¿cómo no pensar que un fenómeno de opinión pública como fue Michael iba a preocupar a los altos poderes?

En el siguiente capítulo, examinaré las razones por las que el cantante puede ser considerado como un objetivo de primera línea. No, Michael Jackson no fue un Espartaco del siglo XX llevándose a las masas a la revolución, pero su discurso tuvo un poder de convocatoria que el *establishment* pudo considerar como descontrolado; y su imaginación, un arsenal peligroso. No lo olvide, hablamos de un señor que cantó que Somos el Mundo.

EL OBJETIVO

Sus miedos y amenazas

Llego a un tramo del relato que considero especial, ya que más allá de lo que se sabe públicamente y de la imagen que se puede proyectar hacia los demás, considero que no se conoce del todo al personaje hasta que no se tiene acceso a sus miedos más íntimos. Dicho de otro modo: dime qué temes, y te diré quién eres. La pregunta que lanzo es clara y rotunda: ¿qué temía Michael Jackson? Pase conmigo a la estancia donde encontraremos uno de los terrores más palpitantes del artista: el miedo a que acabaran con él. Déjeme que se lo cuente todo.

Ya le he hablado de los archivos que el FBI abre para ocuparse de las cosas de Jackson, pero dejé en suspenso el primero de esos trabajos. Consiste en un dosier abierto en 1992 en el que se inician investigaciones ante los indicios de la existencia de un complot para extorsionar al artista. Fue a finales de diciembre de 2009, con él ya fallecido, cuando el FBI publicó cierto material relacionado con este caso. Se trata de una serie de documentos muy jugosos que en su día fueron catalogados como confidenciales y que se centran en las amenazas de alguien que a principios de los noventa afirmó tener el firme propósito de acabar con la vida tanto de Michael Jackson como del entonces presidente de los Estados Unidos, George H. W. Bush, el padre.

De entre todo este material, destacan las cartas directas que el individuo en cuestión envió y en las que se identifica como el hijo del que entonces ostentaba el sillón de mando de la familia de los Gambino, John Gotti, conocido como The Dapper Don, el Don Elegante, debido a su afición a los trajes caros, de dos mil dólares. No era cierto que este señor que amenazaba por carta tuviera nada que ver con el mítico mafioso, y aunque su nombre fue ocultado en los documentos federales, él mismo se declaró culpable de enviar las comunicaciones amenazantes y vio cómo le caían dos años de prisión.

Pero entre la gran cantidad de información que se recoge en estos archivos, obtenemos un nombre que aparece en varias notas: el de Frank Paul Jones, un fanático de 33 años a la sazón y que, entre otras grandes obsesiones, había fijado su atención malsana en una de las hermanas de Michael, en Janet Jackson. En el haber de este neoyorquino encontramos una detención por intentar entrar en la Casa Blanca y otro arresto por internarse en la propiedad de los padres de Jackson en Encino, Los Ángeles, California.

Puedo añadir algún extracto concreto de estas cartas, por ejemplo el siguiente: «Si no me arrestan o resuelven mi problema, intentaré matar al presidente George Bush». O esta,

Documentos del FBI

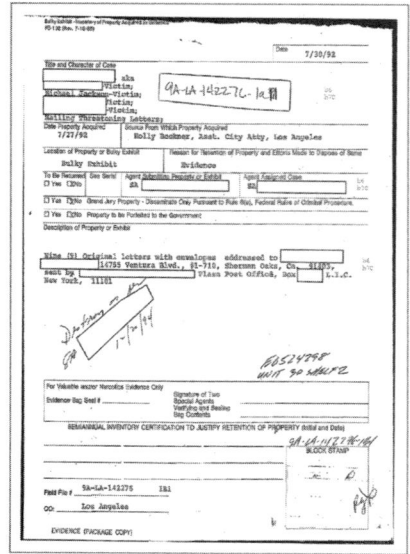
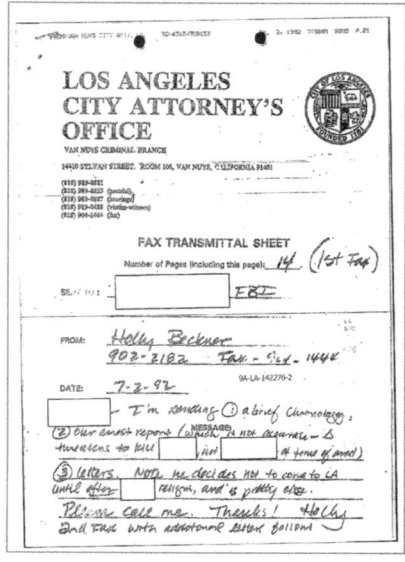

tremenda, donde amenaza con «cometer asesinatos masivos en un concierto de Michael Jackson» y «matarlo a él personalmente si no me paga mi dinero». ¿A qué se refiere con lo de su dinero? Pues resulta que él aducía que la mitad de la fortuna de Michael le pertenecía.

¿Es cierto, como se concluyó, que esto no era más que una estrategia para llamar la atención de Janet, su verdadera obsesión? ¿Es cierto que este hombre padecía trastorno bipolar y que, entre otros delirios, creía estar casado con Janet Jackson? Aunque en un principio se determinó que era incompetente para ser juzgado, fue sometido a tratamiento en una institución federal de Carolina del Norte, después de esto se lo juzgó y, en 1993, fue condenado a dos años de cárcel por haber enviado esas epístolas amenazantes a Michael, sin tener en cuenta las amenazas que había lanzado contra el presidente.

Permítame que extienda el discurso a modo de caleidoscopio, como si estuviese realizando un retrato impresionista, dando los trazos justos para componer el dibujo. Estoy entrando en la sala en la que habitan los miedos de Michael a ser eliminado. Hasta aquí, podría no pasar de ser algo habitual en la vida de una superestrella. Por desgracia, la fama ejerce una influencia poderosa sobre las mentes más desequilibradas, y le aseguro que muchas de las páginas de la historia del crimen quedarían en blanco si no

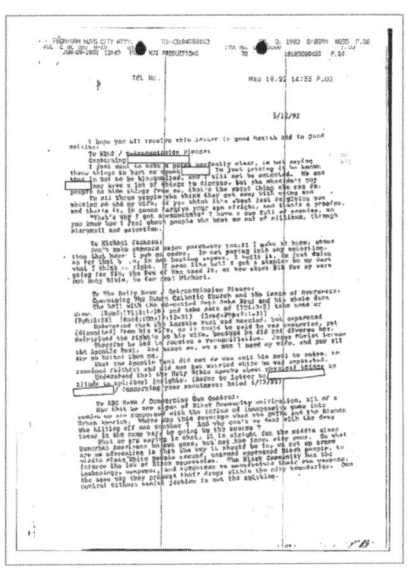 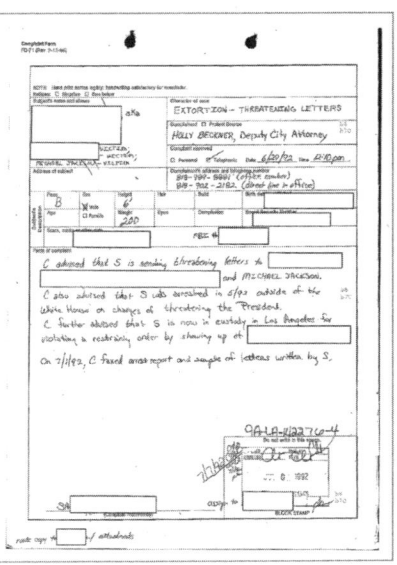

se tuviese en cuenta esa fascinación por la popularidad. La fama atrae al crimen. Y Jackson podría haber entendido que esto es así y que su vida no corría más peligro que la de cualquier otro. ¿Cómo ser Rey del Pop sin la amenaza de un perturbado? Se podría decir que son gajes del oficio, ¿verdad? Y, sin embargo, en el siguiente de los trazos de dibujo con este lápiz, paso ya a un tiempo en el que él ha muerto.

Recuerde que comencé el libro hablando del calendario agotador de Michael en sus ensayos finales y de su obsesión por alcanzar la excelencia. En este sentido, me parece definitoria la frase que él escribió personalmente en el espejo de su habitación, que quedó ahí después de su muerte y que rezaba: «*train, perfection*», es decir: «entrenar, perfección».

¿Por qué vuelvo a esto? Pues porque los focos de la familia Jackson se centraron en la empresa promotora de la última gira del artista, la que ya no se pudo materializar. En el año 2013, la madre del cantante, Katherine Jackson, y los tres hijos del fallecido, Prince, Paris y Blanket, acusaron a la compañía AEG de «muerte injusta». En esta demanda abunda el material enviado por correo electrónico y la familia presenta una cantidad considerable de escritos en un intento de demostrar que AEG Live se mostró muy contrariada por los ensayos perdidos por culpa de los achaques de salud de Jackson, razón por la cual habrían pedido la ayuda del doctor Conrad Murray, el médico personal de la estrella.

Once días antes de que se produjera la noche fatal y la muerte de Michael, el que era el promotor de la compañía, Paul Gongaware, se dirige al director de la gira, Kenny Ortega, en los siguientes términos: «Queremos recordarle —se supone que a Murray— que es AEG Live y no Michael Jackson quien paga su salario. Queremos recordarle con este correo lo que se espera de usted». El propio Ortega, que ya había trabajado con Jackson en otras ocasiones, llegó a afirmar que lo había visto presentarse a uno de los ensayos temblando. En un mail que Ortega dirige a Randy Phillips, que es el presidente de AEG Live, le dice refiriéndose al cantante: «Parece que convivieran dos personas en una. La primera intenta aferrarse a lo que era Michael Jackson y no quiere que le abandonemos, y la segunda muestra un estado de salud débil y con problemas. Creo que necesitamos un profesional en la materia». A esto, la respuesta de Phillips es la siguiente: «Murray es un

gran profesional, y no necesita de esta gira para sobrevivir, por lo que es totalmente imparcial y ético».

Lo que la familia quiere comunicar y denuncia es que la presión de AEG Live para mantener a Jackson en activo y que cumpliera con los compromisos de los conciertos —le recuerdo que de diez fechas se pasó a las cincuenta propuestas—, hizo que el deteriorado estado de salud de Michael se agravase. Denuncian que la sobredosis de fármacos que lo llevó a la tumba fue la consecuencia de anteponer los intereses de la gira por encima de la vida de su familiar. Su acusación pasa por explicar que AEG se echó encima de Murray para obligarlo a tener a Jackson en pie costara lo que costara, incluso poniéndolo en riesgo de muerte.

La jueza que estima la demanda pertenece a la Corte Suprema de Los Ángeles, se trata de la magistrada Yvette M. Palazuelos, que considera que AEG Live contrató a Murray y que había razones suficientes para someter a un jurado la cuestión de si el médico estuvo bajo tal presión que se vio comprometido su juramento hipocrático con el único fin de que la empresa se lucrara. Y añade: «Gongaware era consciente de las implicaciones éticas de contratar a doctores en las giras y de la existencia de la administración de fármacos a los cantantes». ¿Llevó a cabo la compañía una revisión detallada del historial de Murray? La jueza cree que eso también está en duda, a pesar de que este doctor ya había tratado en Las Vegas a los hijos de Jackson de enfermedades leves.

Pero el jurado no dio la razón a la familia. Después de cinco meses de proceso y de tres días de deliberaciones, el veredicto indicó que AEG no cargaría con la culpa de la muerte de Jackson ni con las consecuencias millonarias que eso le habría supuesto, ya que la familia pedía la cantidad de dinero que Michael habría ganado en caso de no haber muerto. La cifra que tengo estimada ronda los setecientos cuarenta millones de euros. Sí que se determinó que la compañía fue la encargada de contratar a Conrad Murray, pero se entendió que era un doctor competente y que por lo tanto no cabía hablar de negligencia en la contratación.

Este jurado estuvo compuesto por seis mujeres y seis hombres que escucharon el testimonio de medio centenar de personas que fueron llamadas al estrado. La pregunta clave de las dieciséis que la jueza Palazuelos encomendó al jurado fue la segunda, en la que se interrogaba acerca de si se consideraba que Murray estaba incapacitado o no para ejercer la medicina: y la respuesta fue un rotundo no. Eso inclinó la balanza hacia AEG frente a la familia, que intentó que el caso se reabriera sin conseguirlo.

Y ahora que he contado este nuevo episodio, quiero destacar uno de los testimonios de ese juicio. Es la voz de Prince Michael Jackson I, que cuando se produce este litigio en 2013 tiene dieciséis años. Y hablo de esta declaración porque el chico habla de uno de esos asuntos que constituyen una de mis piedras básicas de toque: las condiciones en las que llegó Michael a ese junio de 2009. El hijo declara que su padre se encontraba agobiado por un calendario de ensayos agotador, y que no recuerda si fue el día anterior a la muerte, pero que en casa recibieron una llamada del citado Randy Phillips, de AEG Live y que, después de hablar con él, Michael colgó, se echó a llorar y comenzó a decir sin parar: «Me van a matar. Me van a matar. Me van a matar...». Prince se sinceró aclarando que él no podría afirmar a ciencia cierta si su padre se estaba refiriendo en ese momento a que lo iban a matar de cansancio o si es que se sentía amenazado de muerte de forma directa. Sobre todo porque, leyendo su declaración, consigo darme cuenta de que en muchas ocasiones intentaban confundirlo. Yo quiero que usted disponga de todos los datos y puntos de vista, y este es muy necesario. Sin embargo, es larguísimo y muy repetitivo. Aun así, aquí le dejo un extracto de esa declaración. Continúa siendo larga, lo sé, pero merece la pena. Se la dejo en un recuadro por si desea saltársela, o bien, hojearla por encima.

Jackson contra AEG Live.
30 de noviembre de 2001

La parte más importante del interrogatorio fueron las preguntas que le realizaron sobre Randy Philips, el presidente ejecutivo de AEG Live.

— *P: ¿Alguna vez vio a Randy Philips en su casa antes de que su padre muriera?*
— *R: Sí. Un par de veces.*
— *P: ¿Le sorprendió verlo?*
— *R: Hmmm, a veces lo hizo, porque él aparecía sin avisar cuando mi papá no estaba en la casa.*
— *P: Está bien. ¿Quién era Randy? ¿Randy Phillips estaba con alguien en la casa?*
— *R: Venía con el Dr. Tohme, o a veces venía con otros hombres que no reconocí.*
— *P: ¿Alguna vez lo vio hablando con alguien en su casa?*
— *R: Lo vi hablar con el Dr. Tohme una vez por las escaleras, el día que vino sin avisar.*
— *P: ¿Alguna vez lo vio hablar con el Dr. Conrad Murray cuando su padre no estaba presente?*
— *R: Fue entonces cuando habló con el Dr. Murray solamente. Lo vi hablar con él dos veces, y esa vez, cuando vino solo, le estaba hablando en voz baja. Le estaba trayendo agua y él estaba hablando con el Dr. Murray. Él estaba agarrando su codo y me miró agresivo.*
— *P: ¿Pudo oír lo que decían?*
— *R: No.*
— *P: ¿Cómo era el comportamiento del Sr. Phillips cuando hablaba con Conrad Murray?*
— *R: Lo estaba agarrando por la parte posterior del codo y estaban muy cerca, y estaba haciendo movimientos con las manos.*

— P: ¿Le sorprendió?
— R: Sí, un poco.
— P: ¿Dónde estaba su padre?
— R: Creo que estaba en los ensayos.
— P: ¿Eso fue de día o de noche?
— R: Más cerca de la noche. Fue entonces cuando apareció el Dr. Murray.
— P: ¿Sabe exactamente qué día fue?
— R: No.
— P: ¿Tiene algún recuerdo de cuándo fue?
— R: Cuando él vino solo, no. Pero cuando vino con los otros hombres y el Dr. Tohme, recuerdo que fue la noche antes de que mi padre muriera.
— P: ¿Está absolutamente seguro de que ese fue el día?
— R: No lo estoy. Realmente no puedo recordar. Fue esa noche, la noche anterior o dos noches antes.
— P: Cuando vio el momento en que el Sr. Phillips estuvo allí, ¿contactó usted con su padre?
— R: Una noche antes de que muriera, lo llamé desde un teléfono de seguridad.
— P: Está bien. No nos diga lo que dijo. Solo, ¿habló con él?
— R: Sí.
— P: Está bien. ¿Hizo usted algo? ¿Hizo usted algo más por el Sr. Phillips o por cualquier otra persona con la que estuviera en ese momento?
— R: Entraron, y les pregunté si les gustaría tomar algo para beber o comer, y me dijeron que no. Pero mi papá siempre me dijo que trajera, como, papas fritas o salsa o entremeses, algo así. Así que fui a la cocina a preparar entremeses, papas fritas y salsa.
— P: ¿Es cuando llamó a su padre?
— R: Eso fue antes, después lo llamé.
— P: De acuerdo. No me diga lo que dijo, pero ¿qué hizo usted después de eso?
— R: Fui a buscar las papas fritas y la salsa, y luego Randy Phillips estaba hablando con el Dr. Tohme al pie de las escaleras, agarrando su codo nuevamente y hablando.
— P: ¿Se refiere a Conrad Murray? ¿Dr. Murray?
— R: Sí. Dr. Murray.
— P: Dijo Dr. Tohme.
— R: Oh, no. Dr. Murray.

— P: ¿Recuerda el último día que vio a su padre con vida?
— R: Sí.
— P: ¿Cuándo fue eso?
— R: La víspera de su muerte.
— P: De acuerdo. ¿Recuerda su última conversación?
— R: Fue cuando hablé con él por teléfono sobre Randy Phillips en la casa.

...

— P: El Sr. Phillips, cuando estaba agarrando el brazo de ese individuo, ¿era Tohme o era Conrad Murray?
— R: Conrad Murray.
— P: ¿Piensa en algo que debamos saber?
— R: No. Que son completamente distintos (físicamente).

...

— P: ¿Era importante para su padre la educación y el aprendizaje?
— R: Siempre fue importante. Si no fuéramos a la escuela, tendríamos un tutor, o él mismo nos enseñaría sobre las culturas, las religiones o lenguas que él conoce y entiende y cómo interactúan entre ellas, y también ser respetuoso con las religiones que tienen las personas y sus diferentes culturas.
— P: ¿Tuviste un año escolar normal?
— R: Sí. Comencé en otoño hasta la primavera, seis horas al día, incluida la educación física.
— P: De acuerdo. ¿Tu padre estaba interesado en lo que estabas haciendo todos los días en la escuela?
— R: Sí. Quería saber lo que estábamos aprendiendo y cuestionarlo, pensar por nosotros mismos, no solo que nos dijeran qué era lo correcto. Preguntar siempre si lo que pensábamos que era verdad, y él siempre quiso saber cómo lo estábamos haciendo en la escuela y cómo lo utilizaríamos para mejorar el mundo.
— P: Ahora, aparte de aprender en la escuela, ¿tu padre trató de enseñarte fuera de la escuela?
— R: En todo momento.
— P: ¿Cómo?
— A: Si algo le pasara a él, o algo nos pasara a nosotros, él diría: «aprende de tus errores. Esta es una experiencia de aprendizaje y nunca olvides».

...

— P: ¿Vio a su padre en el teléfono alguna vez molesto?

— R: *Muchas veces.*
— P: *¿Sabe con quién estaba hablando?*
— R: *La mayoría de las veces era con Randy Phillips o el Dr. Tohme, por lo que sé. Acababa de hablar por teléfono, y alguien debió haberle dicho algo.*
— P: *Entonces, cuando su padre colgó el teléfono, cambió su comportamiento, ¿cómo era su comportamiento?*
— R: *Él colgó el teléfono. Él lloró. Y después de que hubiera hablado con ellos, lloró.*
— P: *¿Estaba molesto?*
— R: *Sí. Él decía: «Me van a matar. Me van a matar».*
— P: *Cuando su padre colgó el teléfono, llorando, ¿dijo algo de inmediato mientras lloraba?*
— R: *Sí, lo hizo.*
— P: *¿Dijo a quién se refería?*
— R: *Cuando le pregunté a quién, dijo AEG Live, Randy Phillips, en su mayor parte, y luego dijo el Dr. Tohme.*

Y no puedo resistirme a dar cuenta de otra de las declaraciones que se produjeron en ese juicio: la del mismísimo jefe de AEG, Randy Phillips, porque aporta un par de frases de las que son capaces de convertirse en titulares en todo el mundo. Su testimonio tuvo lugar a mediados de junio de 2013, y ahí aseguró que Michael Jackson le había confesado que estaba llevando una vida triste, viviendo «como vagabundos de hotel en hotel», sin un sitio al que pudiesen llamar hogar.

Phillips añadió que el cantante se puso a llorar entonces y que los dos vivieron un momento de gran emotividad, porque él sintió que una estrella que había hecho lo que había hecho en la música y que había ganado tanto dinero no podía estar en esa situación; dijo que se sintió muy mal y que en ese momento fue cuando Michael le planteó por primera vez la posibilidad de retomar su carrera y volver a trabajar.

Bueno, más allá de la extrañeza que puede producir pensar en un punto de vista que considere que ir de hotel en hotel es propio de vagabundos, de personas menesterosas, la verdadera declaración asombrosa es la que se produce después, cuando Phillips cuenta que ha hablado con Brenda Richie, la exmujer del cantante

Tohme Tohme, el último manager de Michael Jackson

Lionel Richie, que le ha dicho lo siguiente: ha establecido contacto con el espíritu de Jackson a través de una médium y él, desde el más allá, le había confesado que su muerte no fue culpa del doctor Conrad Murray, sino que él mismo se había matado de forma accidental. Este relato fue hecho en sede judicial.

Y a continuación, entra en escena otro de esos personajes que abundan en la vida de Michael Jackson y que, por lo tanto, aparecen en este libro. A veces pienso que el relato de la vida del Rey del Pop se parece mucho a una colmena en la que entran y salen personajes que por sí mismos podrían completar un argumento como protagonistas. Como comprenderá, en la escritura de este volumen me estoy esforzando por seguir el hilo que habla de la muerte de Jackson y en la aclaración de si en ella intervino o no una conspiración. Porque, en caso de dejarme llevar por cada uno de esos nombres propios que nos salen al paso, sería imposible acabar, me temo.

Por eso, ahora le presento a Tohme Tohme, a través del cual vamos a conocer algunos de los instantes cruciales y con más claroscuros de los últimos años del cantante. No es fácil entender quién es este hombre ni su relación con Jackson. Por eso, empezaré por hablarle de una conversación entre el cantante y June Gatlin, que fue su consejera espiritual, otro gran personaje, como ve.

Este material fue difundido por la cadena NBC News, en una charla que se supone que mantuvieron el cantante y su consejera el 23 de septiembre de 2008 y en la que Michael habría afirmado que tenía mucho miedo de Tohme Tohme, a quien al parecer había otorgado plenos poderes de representación sobre sus negocios, sus cuentas, todo lo suyo... excepto a nivel creativo: el acuerdo fue que Michael dejaba total libertad empresarial a Tohme Tohme y que este no se inmiscuiría en sus procesos creativos musicales.

Gatlin afirma que Michael estaba aterrorizado por lo que el representante fuera capaz de hacer con él. En la grabación se escucha la que se supone que es la voz del cantante diciendo que ha buscado información acerca del Dr. Tohme, y que la tiene muy completa. Dice que el sujeto lo mantiene bloqueado, sin permitirle el contacto con sus abogados ni con su contable, que él desconoce por completo el estado de sus cuentas y que no tiene control sobre su vida.

Por cierto, no hace demasiados días, en el momento en el que escribo esto, la familia de Jackson y Tohme Tohme han llegado a un acuerdo económico después de una década de desencuentros, porque él andaba pidiendo una comisión por su trabajo, reclamando un 15% del dinero que Jackson ganó en 2009. De momento, no se han hecho públicos los términos de este entendimiento, pero sí que todo se ha resuelto de una forma amistosa en una demanda que comenzó hace casi diez años en el Tribunal Superior de Santa Mónica. Hablaremos más del oscuro Tohme Tohme en el epígrafe siguiente, porque él fue el intermediario que se encargó de vender Neverland. Ahora quiero seguir completando este cuadro acerca de los miedos de Michael.

Para eso, tengo que echar mano de otra grabación. Ha sido muy polémica y es otro de los puntos que podrían llevarnos páginas y páginas. Me limitaré a decir que la cuestión se sigue discutiendo y que aparece el nombre de un supuesto exagente de los servicios secretos de Estados Unidos. No entraré ahí, insisto, porque sería muy largo de explicar y deseo limitarme al relato escueto de todos los elementos. La conversación telefónica que se escucha se supone que es mantenida entre Michael Jackson y su exagente, Dieter Wiesner, la noche del 24 de junio de 2009, apenas a unas horas de que el artista falleciera. En ella, el discurso de Jackson nos revela a un hombre tomado por el miedo, que habla directamente de la posibilidad de que lo eliminen de manera inminente. Dice así:

— Dieter: ¿Qué ocurre, Michael?
— Michael: No sé si debo contarte esto. No sé quién puede estar escuchándonos. Puede ser un grupo de personas. Quieren librarse de mí. No me quieren por aquí nunca más.
— Dieter: No te entiendo. ¿A qué te refieres? Cuéntame.
— Michael: No puedo hablar de todo esto por teléfono. No sé lo que va a pasar. Pero lo siento en mi alma. Solo Dios lo sabe. Pueden dispararme. Apuñalarme. Incriminarme. O pueden decir que fue debido a una sobredosis de droga. Pueden hacer muchas cosas.
— Dieter: ¿Quién? ¿Quién podría hacer esas cosas?
— Michael: No es el Gobierno. Es más que el Gobierno. Pero no sé, Dieter. No importa, me pueden atrapar. Ni siquiera me importa mi vida. Yo solo quiero que mis niños estén bien. Mis ángeles. (Silencio) Solo quiero que ellos estén seguros.
— Dieter: Michael...
(Ruido)
— Michael: Me tengo que ir.

Y ahí finaliza la grabación. ¿Qué hay de cierto en esta charla?

Otro momento en el que podemos encontrar el relato de un Michael asustado que cree que es objeto de una conspiración para acabar con su vida llegó en 2018, de la mano de su hermana mayor, La Toya Jackson, y fue precisamente en su visita al programa de El Hormiguero, de Pablo Motos, en España. Allí habló del momento de la muerte de Michael como el peor de su vida y recordó que la última vez que hablaron fue el 26 de mayo de 2009, el día del cumpleaños de ella. «Me dijo que estaba bien, pero yo le vi muy delgado. La verdad es que a él no le gustaba comer, siempre decía que la gente vivía para comer pero que él comía para vivir, que no tenía más remedio». Y reveló que su hermano le anunció que lo iban a matar. ¿Quién?, le preguntaba ella. Pero él nunca respondió.

Lo cierto es que esta conversación no puede sorprender a nadie, mucho menos si tenemos en cuenta que a mediados de julio de 2009, apenas unos días después de la muerte de su hermano, La Toya dijo sin tapujos: «Sé quién asesinó a mi Michael». Dijo que se trataba de un grupo de personas y que lo que había detrás de todo fue «una conspiración para hacerse con su dinero». Esto ocurrió tan solo dos días más tarde de que en la Policía de Los Ángeles se admitiera que el asesinato era una de las líneas de investigación abiertas. Pero de la investigación me ocuparé en el capítulo siguiente. Por ahora, me quedo con esta idea: fue frecuente el hecho de que Michael pensara que estaba en peligro, y no solo él, sino algunos de sus familiares más cercanos. La Toya llegó a hablar de cantidades: «Michael valía más de mil millones de dólares en activos por derechos de difusión musical, y alguien lo mató por eso. Valía más muerto que vivo».

Mucho antes, en el año 2002, Michael Jackson firma su testamento el 7 de julio, cuando ya había nacido su tercer hijo, Prince Michael Jackson II. Lo tengo aquí delante. Se trata de diez páginas en las que se dispone que los bienes, que entonces se estimaban en más de quinientos millones de dólares —parece que mucho en patrimonio, casi nada en efectivo y con muchas deudas a cuestas—, se entregarían al Fondo Fiduciario de la Familia de Michael Jackson, y que la madre de Michael, Katherine Jackson, y sus tres hijos serían los beneficiarios.

A su madre, además, encomendaba la tutela de los tres menores; en caso de que su madre muriese o no aceptase la tutela, la tutora legal sería la cantante Diana Ross. No obtuvo nada su exesposa, Deborah Jeanne Rowe, cuyo matrimonio declara totalmente disuelto; y los albaceas fueron el abogado John Branca y el ejecutivo de la industria musical John McClain, a los que otorgaba plenos poderes para negociar y vender cualquiera de sus activos. Establece una paga anual para su madre de 950.000 dólares, y unas cantidades que sus hijos recibirán en su conjunto cuando cumplan 33 años, y el resto, a los 40. Su hermana La Toya afirmó que se sentía extrañada por el contenido de este testamento, y lo cierto es que en el documento no queda rastro ni del padre ni de ninguno de los hermanos del artista.

Le dejo las páginas más importantes del testamento, traducidas aquí, junto con el original firmado.

ÚLTIMO TESTAMENTO DE MICHAEL JOSEPH JACKSON

Michael, el 7 de julio de 2002, convino su último Testamento...

Yo, MICHAEL JOSEPH JACKSON, residente del Estado de California, declaro que este es mi último testamento, y por este medio revoco todos los testamentos y codicilos hechos por mí.

I

Declaro que no estoy casado. Mi matrimonio con DEBORAH JEAN ROWE JACKSON está disuelto. Tengo tres hijos vivos actualmente, PRINCE MICHAEL JACKSON, JR., PARIS MICHAEL KATHERINE JACKSON y PRINCE MICHAEL JOSEPH JACKSON, II. No tengo otros hijos, vivos o fallecidos.

II

Es mi intención por este Testamento disponer de todos los bienes sobre los que tengo derecho según mi voluntad.

III

Concedo todo mi patrimonio a los fideicomisarios de acuerdo a la declaración de 22 de marzo de 2002, indicados como MICHAEL JACKSON FAMILY TRUST, con las modificaciones que se

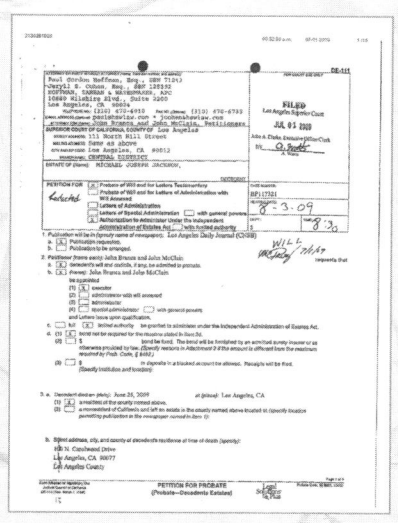
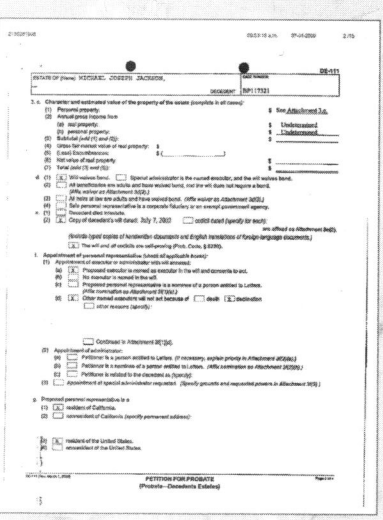

puedan hacer antes de mi muerte. Todos los bienes deberán mantenerse, gestionarse y distribuirse de acuerdo a este testamento.
Si por cualquier razón no fueran operativas las cláusulas del documento indicado, declaro que otorgo mis bienes a los fideicomisarios nombrados en el MICHAEL JACKSON FAMILY TRUST, del documento indicado.

IV

Ordeno que todos los impuestos federales y estatales de sucesión exigibles o resultantes desde o por razón de mi muerte (en adelante «Impuesto sobre Fallecimiento») atribuibles a la propiedad que forma parte del patrimonio de la MICHAEL JACKSON FAMILY TRUST, incluidas las propiedades que pasan a dicho fideicomiso de mi herencia testamentaria serán pagados por el Fideicomisario de dicho fideicomiso de conformidad con sus términos. El Impuesto sobre Fallecimiento atribuible a la propiedad que ocurra fuera de este Testamento, excepto los bienes inmuebles que constituyen las propiedades del fideicomiso mencionado en la frase anterior, se imputarán a los beneficiarios de dicha propiedad.

V

Nombro a JOHN BRANCA, JOHN McCLAIN y BARRY SIEGEL como albaceas de este Testamento. En el caso de que cualquiera de ellos muera, renuncie, sea declarado incapaz, o se niegue a seguir actuando como albacea, los que resten deberán considerarse sus sustitutos sin necesidad de nombrar nuevos. Los albaceas

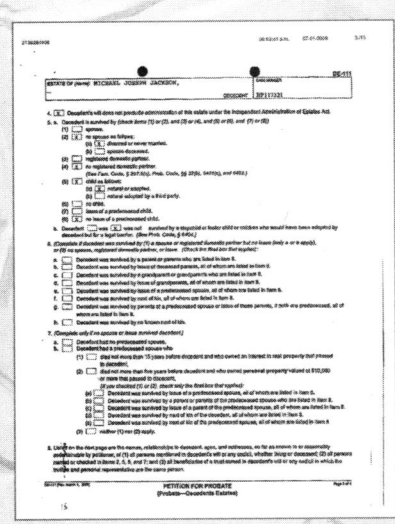
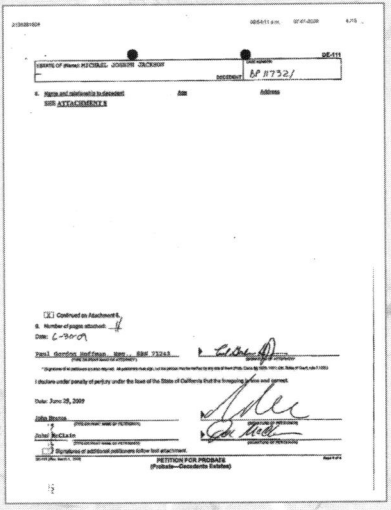

podrán nombrar sustitutos, en el caso de que ninguno de los tres pueda hacerlo.

El término «albacea» usado en este Testamento incluye a cualquier actor personal representante o representantes de mis propiedades. Ninguna persona actuando como tal, necesita mayor acreditación. Doy a mis albaceas plenos poderes y autoridad para la venta, arrendamiento, hipoteca u otro intercambio, para disponer de los bienes, ya sean inmobiliarios o personales, que comprenden todas mis propiedades, en los términos que consideren mis albaceas, continuando con las empresas comerciales, comprando activos para mi propiedad, incluyendo primas de seguros, incluyendo seguros de vida, de propiedad de mis bienes, y realizar contratos, hipotecas, facturas de venta que fueran necesarios o convenientes. Además, doy a mis albaceas plenos poderes para invertir y reinvertir los fondos y bienes inmuebles en cualquier tipo de propiedad, inmobiliaria, personal o mixta, y cada tipo de inversión, incluyendo, pero sin limitación, obligaciones corporativas de todo tipo e intereses en fondos de inversión y participaciones en las sociedades de inversión, y cualquier fondo común fiduciario.

VI

Salvo que se disponga otra cosa en este Testamento o en el Fideicomiso a que se refiere el Artículo III del presente, he omitido intencionadamente mencionar a mis herederos. He omitido intencionadamente también mencionar a mi exesposa, DEBORAH JEAN ROWE JACKSON.

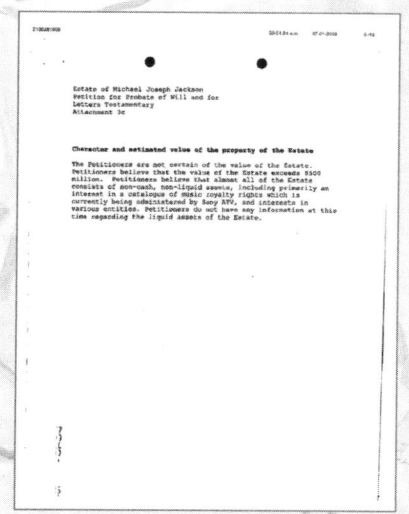
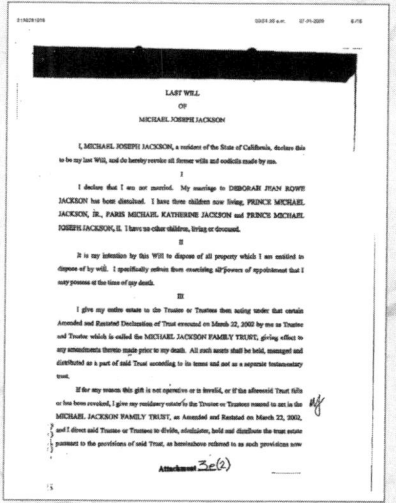

VII

Si en el momento de mi muerte, poseo o tengo algún interés en propiedades situadas fuera del Estado de California que requieren administración auxiliar, nombro a mis albaceas como administradores auxiliares de dichos bienes. Doy a dichos albaceas las siguientes competencias, derechos y privilegios para ejercer a su única y absoluta discreción, con referencia a esos bienes: administrar los bienes; determinar qué bienes, vayan a ser vendidos por los administradores auxiliares para el pago de todos los créditos, impuestos, costos y gastos de administración, incluida la indemnización de los administradores auxiliares y honorarios de abogados incurridos por razón de la propiedad de esos bienes y por la administración auxiliar; y tras la finalización de tal administración auxiliar, autorizo y encargo a los administradores auxiliares a distribuir y transferir el resultado de tales bienes a los albaceas, de forma que serán gestionados por ellos en virtud de los términos de este testamento, siendo mi intención que todas mis propiedades se administren como una unidad y que mis albaceas supervisen y controlen, tanto como lo que permite la ley local, la administración auxiliar de cualquier procedimiento que se estime sobre mis propiedades.

VIII

Si alguno de mis hijos fuera menor de edad en el momento de mi muerte, designo a mi madre KATHERINE JACKSON como tutora de las personas y propiedades de tales hijos menores de edad.

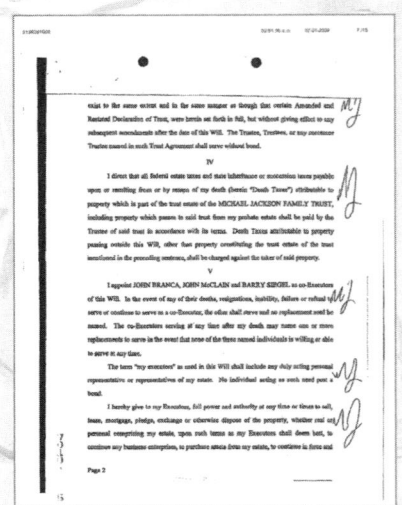
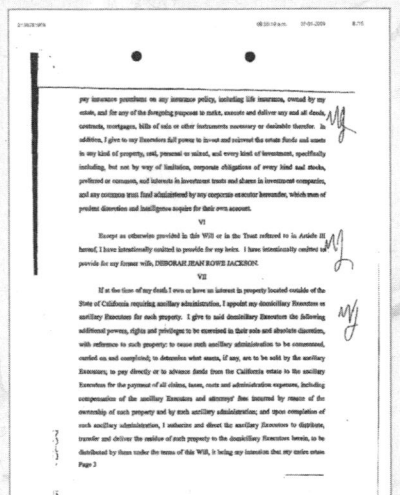

Si KATHERINE JACKSON no me sobrevive, o no puede o no quiere actuar como tutora, designo a DIANA ROSS como tutora de las personas y propiedades de tales hijos menores de edad.

Firmo este testamento el día 7 de julio de 2002.
(firma MJJ)

En la fecha escrita abajo, MICHAEL JOSEPH JACKSON, declara ante nosotros, los abajo firmantes, que el anterior escrito que consta de cinco (5) páginas, incluyendo la página firmada por nosotros en calidad de testigos, fue su testamento y nos pidió actuar como testigos del mismo. Él firmó este testamento en nuestra presencia, estando presentes todos nosotros en ese mismo momento. Nosotros ahora, a petición de él, en su presencia, firmamos con nuestros nombres como testigos.

Declaramos que cada uno de nosotros es mayor de dieciocho (18) años y testigo competente y reside en la dirección que figura después de su nombre.

Declaramos que cada uno de nosotros conoce a MICHAEL JOSEPH JACKSON. A día de hoy, es mayor de dieciocho (18) años y, conforme a nuestro conocimiento, está en su sano juicio y no está actuando bajo coacción, amenaza, fraude, falsificación o influencia indebida.

Declaramos bajo pena de perjurio que lo anterior es verdad y correcto.

Redactado el 7 de Julio de 2002 a las 5:00 pm, Los Ángeles. CA.

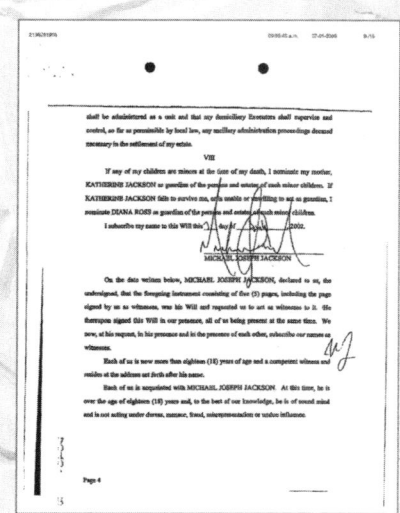
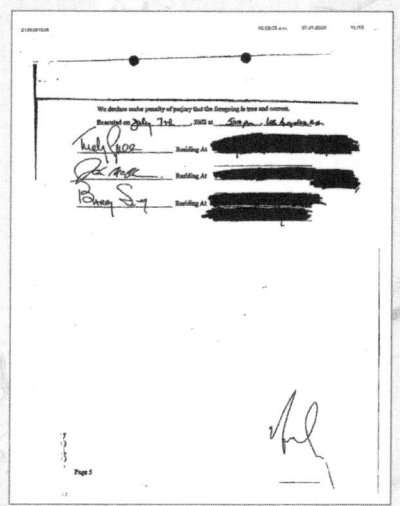

Me ha parecido oportuno finalizar este apartado dedicado a los miedos y las amenazas que se cernieron y amedrentaron a Jackson, hablando de esas voluntades finales suyas. De entrada, ya por la fecha, parece que varios años antes de su muerte, Michael ya se habría comenzado a preocupar por lo que pasaría con sus hijos cuando él faltase.

Los focos sobre el artista

Supongo que nadie pondrá en duda la importancia de los medios de comunicación en la vida de Michael Jackson. Ahora entraré en los pormenores de esa relación que comenzó como una luna de miel y que acabó de manera agria; pero si el Rey del Pop se convirtió en la figura más importante de la música durante tanto tiempo fue a costa, claro está, de colocarse debajo de los focos de atención del mundo entero. Regreso entonces a los modelos de actuación con los que trabajo cuando me ocupo de la investigación de supuestas conspiraciones, y lo hago porque el elemento de la comunicación es esencial a la hora de manejarse en estas lides.

Por lo que ya llevo contado, sabemos que el juicio de 2005 marcó el punto más alto en el desprestigio del artista. Y según los parámetros que tengo estudiados, cuando ciertas personas alcanzan un momento de fama tan grande que todo lo que ellos dicen adquiere un aura casi religiosa, es muy frecuente que los medios se conviertan en la correa de transmisión por la que se articula el desprestigio. Quiero dejar muy claro que no estoy afirmando que existiera una conspiración orquestada desde los medios de comunicación contra Michael Jackson.

No tengo datos que me lleven a sospechar nada parecido: pero sí que, en caso de que existiera una campaña dirigida en su contra, los medios pudieron constituir el *modus operandi*. Y sí que afirmo, porque creo que es otra aseveración fuera de toda duda, que las plataformas de comunicación entendieron que Michael era para ellas un producto perfecto de venta. Y es que, una portada con Jackson en ella, multiplicaba por muchos enteros su alcance.

Al hilo de estas reflexiones, recuerdo que Jacqueline Kennedy le pidió a Michael que escribiera un libro —en el perfil ya adelanté sobre esto. Se hicieron amigos, ella reparó en su figura y a finales de la década de los ochenta, en 1988, le explicó que sentía que él tenía mucho que decir acerca de cómo se convirtió en famoso. Y que todo ese pensamiento suyo podría arrojar mucha luz en torno a ese asunto y ayudar a muchos otros. El libro se tituló *Moonwalk*, fue editado por la propia Jacqueline Kennedy en la editorial Doubleday, y en seguida se colocó como número uno en la reputada lista *New York Times Best Seller*. Jacqueline pagó al cantante un anticipo de trescientos mil dólares.

Me apetece detenerme unas cuantas líneas para ofrecerle algunos datos sobre este volumen, porque tengo la sensación de que Michael realizó una especie de confesión general sobre muchos temas. Vaya si lo hizo. Así que le aconsejo prestar mucha atención a algunas de estas opiniones, porque las considero una especie de vigas maestras en su personalidad. De entrada, se rechazó un primer manuscrito que se había dejado en manos de Robert Hillburn, un prestigioso crítico musical estadounidense. Se consideró que el escrito carecía de autenticidad, de anécdotas de primera mano. En definitiva, faltaba la voz directa de Michael.

Una segunda versión escrita por el periodista musical Stephen Davis fue muy corregida por el artista. Así que parece que él mismo se puso manos a la obra con la ayuda de Shaye Areheart, experta en la industria editorial.

La expectación era tal que el libro se preparó de forma secreta y hasta se empleó un nombre secreto para referirse al proyecto dentro de la propia editorial: «Neil Armstrong». Michael dedicó el libro a Fred Astaire y en él se extiende hablando de los amigos, de sus noviazgos, de sus negocios y del ascenso a la fama. Aquí él realiza ya alguna afirmación que quiero que usted no olvide, porque en el capítulo siguiente, cuando le hable de las autopsias del cadáver de Michael, comprobaremos juntos que en el libro él decía la verdad. Me refiero a cuando habla de sus operaciones de cirugía: dos rinoplastias y una creación quirúrgica de una hendidura en la barbilla.

Y dijo más en esas páginas: su rostro había cambiado mucho en la pubertad, así como su peso, que se había aligerado, ayudado por una dieta vegetariana muy estricta. La confesión alcanza a sus años más infantiles y se entrega contando las palizas que recibió de su padre, que golpeaba a The Jackson 5 cuando en los ensayos se equivocaban. Es sabido que en septiembre de 1988 Michael

El cantante con JC Suares, director de arte, revisando bocetos para el libro **Moonwalk** *en Nueva York, 1985*

llamó a su padre y se disculpó por parte de lo que había contado. Pero contado quedó.

¿Y qué más? Pues algo muy importante, que es en lo fundamental por lo que me he detenido en este punto, y es que él habla de la prensa, de los medios, y dice: «¿Qué pasó con la verdad? ¿Se pasó de moda? Escriben sobre mí todo el tiempo. Distorsionan la realidad: han dicho que quiero agrandarme los ojos, que quiero parecer más blanco…». Y repito que estamos leyendo las reflexiones de un Jackson que todavía no ha visto nada respecto a las campañas mediáticas si lo comparamos con la intensidad que se alcanzaría más tarde.

Cuando se trata de alguien de esta dimensión, los medios son el instrumento empleado por quienes desean desprestigiar a la figura. Y sí que considero claro que existió esa estrategia, usando a los medios como una herramienta, con una campaña orquestada, dirigida, y que fue seguida por las cabeceras, por las televisiones, por las revistas especializadas, por las radios, por los portales de internet... Su imagen quedó tan dañada que no se pudo recuperar nunca más. Y económicamente resultó una ruina, además: estamos hablando de años sin trabajar, de gastos extraordinarios para emplearlos en la defensa.

El efecto de los medios de comunicación radica en gran parte en su capacidad para conformar una imagen sobre un fenómeno, un acontecimiento o una persona. Imaginemos que tenemos una gran portada de periódico y que, en ese espacio, queremos contar el relato que los medios han ofrecido de Michael Jackson al gran público. Tendremos que dividir la portada en distintos recuadros que quedarán ocupados por las siguientes facetas:

Cantidad de cirugía hecha en la cara. Nunca fue escuchada su versión de los hechos. Él asumió, como acabo de contar citando su libro *Moonwalk*, que se había sometido por estética a dos operaciones de nariz, por complejo desde pequeño: su padre le llamaba nariz gorda. Pero nada más. Decía que el resto de operaciones fue consecuencia de las quemaduras sufridas durante la grabación del anuncio de la Pepsi. Se había hecho injertos de pelo, sí, pero porque no tenía. Y reconoce que se hizo un hoyo en la barbilla por razones estéticas. En las autopsias, como digo, se sostendrá que las operaciones se inician a raíz del accidente de la quemadura.

Su adelgazamiento. Se debe, insiste él, a que se volvió vegetariano y que eso le hizo adelgazar.

Se dijo que él dormía en una cámara hiperbárica, y no era así. Necesitaba oxígeno después de los ensayos, pero para recuperarse del esfuerzo tan grande y creciente que le suponían.

Se dijo que se intentaba cambiar el color de la piel. Este aspecto le dolió especialmente, sobre todo cuando se afirmaba que él no quería ser negro, cuando él había participado en reivindicaciones a favor de la igualdad. El cambio de color se debía a su vitíligo, que intentó disimular como pudo. Las manchas blancas fueron cada vez más grandes, hasta el punto de que acabó tapando las zonas negras, menos abundantes. También en la autopsia se reconoce que tuvo lupus.

La prensa manipuló todas y cada una de las cosas que le ocurrieron a Michael Jackson. Cierto es que le pasó de todo, sí, algo que puede resultar realmente sorprendente. Pero es que fue así, no mentía. La vida y la muerte parecían disputarse a Michael.

Su desprestigio mayor, no obstante, no fue el tema de la salud, sino el de las acusaciones de pederastia.

La opinión publicada se posicionó de entrada en su contra. ¿Por qué? ¿Acaso solo porque resultaba más rentable? ¿Acaso porque un culpable vende más que un inocente? Lo que quería aquí es subrayar que Michael Jackson vivió bajo la luz continua de los focos, y que esa atención, lejos de ser inocente, tuvo un efecto devastador sobre su vida, sus acciones, sus opiniones, la imagen que se tuvo de él. Y que eso ayudó a que no dejara de brindar una pieza perfecta como objetivo.

El negocio de la muerte de Michael Jackson

Durante las siguientes páginas, casi diría que usted podrá escuchar el sonido de mi teclado dando golpes rítmicos, algo más pausados de lo que suelo hacer, porque quiero que no se me escape ni una sola de las puntadas del tejido que es la escritura. Estoy probablemente en uno de los pasajes más delicados del libro, porque piso terreno movedizo, pantanoso, donde una insinuación puede jugar una mala pasada. Desde un esqueleto narrativo que deseo dejar en lo más puro, lo cierto es que podríamos lanzarnos a la transgresión, a extendernos en detalles paralelos, y eso nos llevaría cientos de páginas, probablemente. No quiero que eso ocurra. Por eso, escribo despacio para explicarme deprisa.

Cuando el juicio de 2005 está llegando a su fin, recibe la llamada de un abogado de Abdullah bin Hamad al Khalifa, príncipe de Baréin, comunicándole que el príncipe quería brindarle su ayuda. Jackson escucha el ofrecimiento de acudir a palacio, donde tanto él como su familia serían acogidos como invitados de Al Khalifa. Allí, le asegura, encontrará protección y reposo, además de una satisfactoria recuperación de todos sus males. Yo supongo que en unos momentos dramáticos como fueron los del juicio de 2005, esto debió de sonar demasiado tentador a los oídos de un Jackson cansado, con gravísimos problemas de imagen y con su carrera y su cuenta corriente en la cuerda floja. Y allá que se marcha, con sus hijos, y permanece casi un año en la isla de Baréin. El príncipe y él intiman y el artista le cuenta todo acerca de la forma en la que el proceso judicial lo ha deteriorado, no solo emocional sino también profesional y financieramente.

Pero como vengo diciendo desde el principio, cada vez que la suerte sonríe a Jackson es disimulando el siguiente golpe. En él lo bueno siempre acarreó un mal, como si el destino le ofreciese de continuo una golosina envenenada. La suerte, en su caso, siempre varió la primera letra para convertirse en la muerte. Y lo que puede que muriera aquí de forma casi definitiva fueron sus ilusiones. Porque el sueño de Oriente, esas *Mil y una noches* que se presentaron ante él de manera idílica, se torció. El cuento salió mal. El genio surgido de la lámpara no vino con la consecución de tres deseos, sino con más problemas.

Como solía ocurrir cada vez que iniciaba una aventura nueva, la noticia cobró cuerpo y dejó a muchos con la boca abierta. En enero de 2006 fue fotografiado en las calles de Baréin, vestido con una túnica y un velo cubriéndole el rostro, como con un aire femenino. Iba acompañado por sus tres hijos y salía de un centro comercial. Ya era el invitado del hijo del rey.

De entrada, el príncipe le da casi cinco millones y medio de euros, pero esto con la idea de que Michael realice varios trabajos, entre los cuales se contarían una autobiografía, una obra musical y un contrato discográfico. En 2006, el príncipe monta la empresa Two Sea Records, y anuncia que en 2007 se publicará el nuevo disco de Michael Jackson. Sin embargo, cuando todo esto se pone en marcha y se anuncia, Jackson ya está de regreso en Estados Unidos. No se llevan a cabo estos proyectos, y en 2008 el príncipe lo demanda por incumplimiento de contrato.

Los acontecimientos se le acumularon, las contrariedades se dieron cita. Y es que una semana después de verse en una encrucijada y de tener que vender el rancho de Neverland, recibió la demanda del príncipe acusándolo de incumplimiento de contrato. En las alegaciones, Al Khalifa argumentaba que había pagado casi cinco millones y medio de euros y que le había construido un estudio de grabación para que produjera dos álbumes con su sello discográfico. El acuerdo, exponía el príncipe, se había sellado en 2006, y con ese motivo él le regaló a Jackson un Rolls Royce valorado en 81.000 euros.

La compensación que se exigía alcanzaba los seis millones de euros, y así se expuso por parte de los abogados de la firma Bell Pottinger, que representaron al príncipe en el tribunal de Londres. Al Khalifa decía que el cantante le debía siete millones de dólares por viajes y otros gastos entre 2005 y 2006, mientras que Jackson aseguró que todo eso habían sido regalos. No parecía haber más salida que el litigio, pero cuando Jackson se preparaba para viajar a la capital británica para testificar, sus asesores legales le anunciaron que se había alcanzado un acuerdo amistoso con la otra parte. El juicio no se celebra, finalmente, porque en efecto se firma un acuerdo del que se ocultan los detalles.

Estamos ya a mediados de 2008, y es cuando llega ese acuerdo con el príncipe de Baréin, cuando tenemos que contar ya con la presencia en la vida de Michael Jackson del tal Tohme Tohme con el cargo de asesor financiero. Este señor podemos decir que es el nexo de unión entre el episodio de Baréin y la promotora AEG. Yo intuyo que este momento es muy importante, y que él *a posteriori* lo entendió así: creo no equivocarme si digo que él entendió que había sido como si hubiese entrado el demonio en su vida. Tan fuerte entra, como digo, que fue él el intermediario encargado de vender Neverland. Eso sí: se vendió a una empresa controlada por el propio Jackson.

Volvamos a hacer balance: Michael llevaba casi siete años sin adelantar nada en su carrera discográfica. Tohme Tohme dice de sí mismo haber sido embajador de Senegal, algo que la embajada desmiente, y ser doctor. Jermaine, uno de sus hermanos, es quien

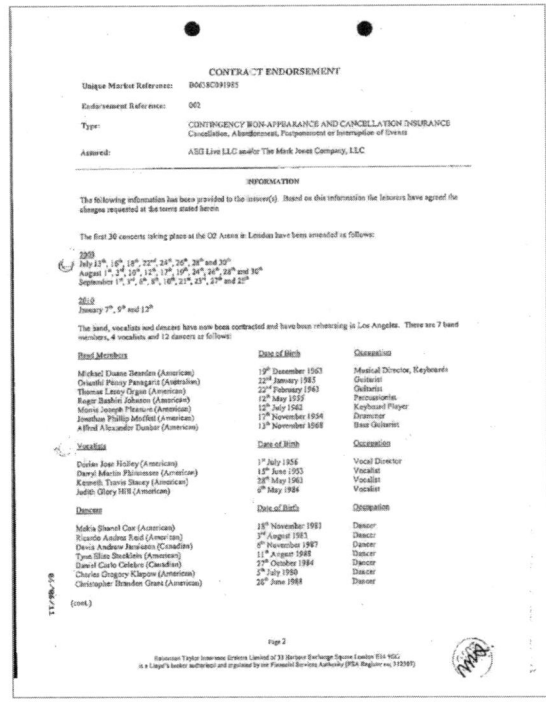

Una de las páginas del contrato con AEG

le pone en contacto con él. Le dice que puede concertarse una reunión en Las Vegas entre él y un directivo fuerte de la empresa AEG, y será en esa reunión donde se acuerda hacer una gira de diez conciertos: este es el momento en el que se fragua *This is it* en su formato original.

Una de las exigencias de AEG fue que el médico que asistiera a Michael lo tenían que supervisar y proponer ellos. El contrato que firman es muy peculiar, realmente: él cobra cinco millones de dólares por adelantado, que fueron transferidos una vez que se había solucionado el asunto con el príncipe de Baréin. Se suponía que todo esto estaba finiquitado un año antes en el acuerdo, por eso me llama la atención: de esos cinco millones, tres se transferirían a una cuenta del príncipe y otros dos a una cuenta de Michael. Esto aparece en el punto 4.2 del contrato.

El método de pago también me resulta curioso, porque quedan congelados quince millones de dólares que se irán dando según se vayan produciendo avances —cláusula que aparece en la página tres. En la quinta página he encontrado otra cláusula llamativa que dice que, si la compañía del artista no firma un seguro de

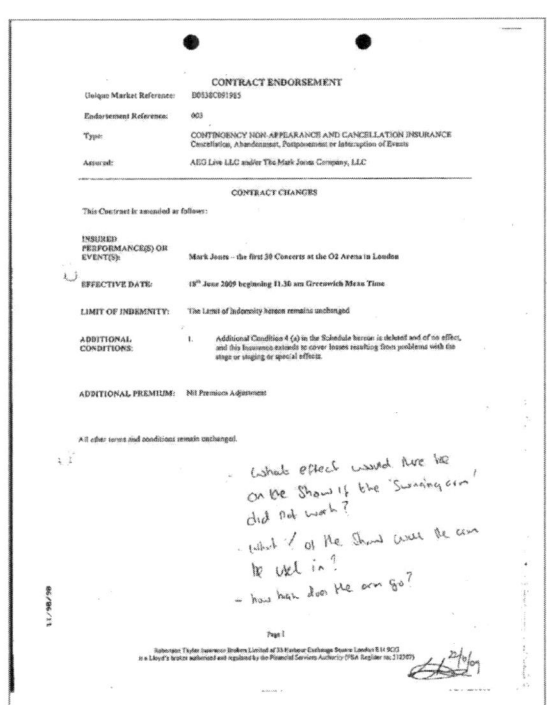

Una de las páginas del seguro contratado

vida antes del 1 de marzo poniendo como beneficiario a AEG, Michael deberá devolver el anticipo. Y Michael lo hace.

Considero muy oportuno exponer algunos datos acerca de ese acuerdo concreto. En primer lugar, que el seguro médico y de deceso que la promotora AEG Live obliga a contratar a Michael Jackson es con Lloyds of London. La beneficiaria sería… la propia AEG, y la cantidad de la póliza ascendió a diecisiete millones y medio de dólares. Por cierto, ya le adelanto que AEG no esperó mucho para reclamar ese dinero: lo hizo a los cinco días de la muerte de Jackson, y aunque todo acabó en los tribunales y tardó, acabó cobrando.

Pero puedo contarle más sobre esta póliza, como que la fecha de cobertura establecía un plazo de tiempo que iba desde el 24 de abril de 2009 hasta el 19 de enero de 2010. Y un punto que tengo que resaltar es que cubría expresamente los primeros treinta conciertos en el O2 Arena. Lo dice tal cual: los primeros. De modo que aquí tenemos negro sobre blanco el hecho de que AEG ya se había lanzado a ampliar la gira de Jackson, a pesar de sus

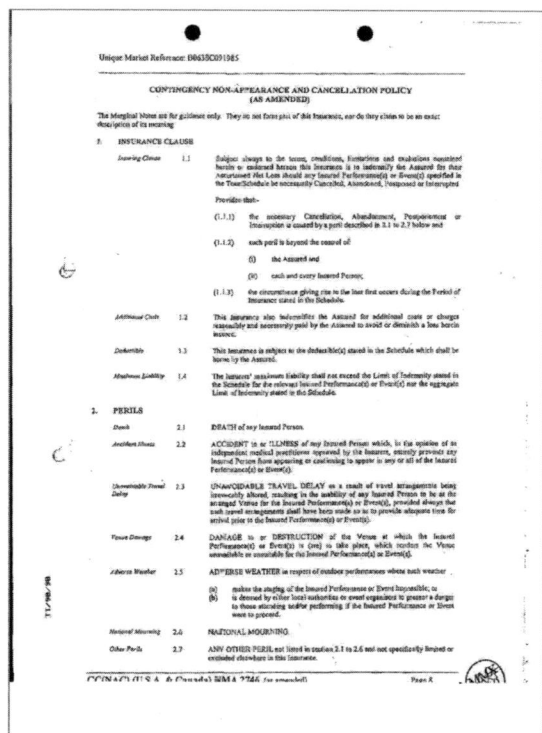

Condiciones generales del seguro contratado con Lloyd's

reticencias, de su cansancio y de que él mismo sabía que su cuerpo no se encontraba en situación de afrontar ese desafío. Además, se expresa que, con Michael, viajarán tres personas de seguridad, un maquillador... y Conrad Murray. Sí, en el contrato del seguro se cita de manera abierta al doctor.

SEGURO LLOYD'S

Aseguradora: Lloyd's, en Londres
Asegurado: Michael Joseph Jackson
Asegurado: AEG Live LLC
Indemnización: 17,5 millones de dólares
Cobertura: desde el 24 de abril de 2009 al 19 de enero de 2010

La póliza cubre los primeros 30 concierto en el O2 Arena.
La aseguradora tendrá que ser notificada de cualquier cambio que surja en los horarios.
La póliza fue modificada el 15 de mayo para modificar el cambio del primer día del tour y pasarlo de la fecha prevista, que era el día 8 de julio, al 13 de julio.
La póliza fue modificada el 10 de junio para incluir a 4 vocalistas, 7 miembros de la banda, y 12 bailarines.
La póliza fue modificada el 18 de junio para cubrir las pérdidas derivadas de problemas con la puesta en escena o los efectos especiales.
AEG Live alquiló un lugar para el equipo en Reino Unido, del 1 de julio de 2009 al 30 de junio de 2010.
Incluye 3 coches para viajar desde la sede al lugar del espectáculo.
Incluye hasta 4 coches si asisten los hijos de Michael.
Conrad Murray viajará con Michael.
La póliza también cubre a Tohme Tohme.
También viajarán con Jackson 3 miembros de seguridad y su maquillador.
Michael Jackson llegará a Londres el día 4 de julio de 2009.
Michael Jackson estará cubierto únicamente después de que pase un examen físico en Londres, y las aseguradoras asistan a los ensayos en Londres.
Michael no puede acercarse a los fans.
Si Michael Jackson fallece, AEG Live cobra el pago del seguro.

La póliza también cubrirá a Jackson en accidente y enfermedad.
La póliza también cubre retrasos en el viaje.
La póliza también cubre clima adverso, si el show es al aire libre.

Condiciones de Lloyd's
Que Jackson pueda acreditar haber hecho revisiones médicas periódicas.
Historia médica de Michael de los últimos cinco años.
Reclamación del seguro
Si ocurre algunas de estas circunstancias, AEG Live podrá realizar la reclamación del seguro.
AEG Live tendrá que proporcionar toda la documentación necesaria para evaluar y establecer la indemnización que corresponda.

Cláusula de exclusiones del contrato del seguro

Y se habla de cifras con una claridad absoluta, porque de entrada se dice que los ingresos de cada espectáculo irán reduciendo esa indemnización marcada de inicio en los diecisiete millones de dólares, y que se esperaba un ingreso por cada uno de los conciertos de 1,4 millones de euros: 43 millones en total por los treinta conciertos que incluye el contrato del seguro. Y encuentro esta frase interesante: «Michael estaría fuera de riesgo después de los primeros trece shows». Fuera de riesgo económico, claro está, que no físico.

En cuanto a la salud del cantante, se resalta que Michael estará cubierto «para accidentes, solamente después de que pase un examen físico en Londres y las aseguradoras asistan a los ensayos en Londres». La póliza incluye, por cierto, a Tohme Tohme que, al parecer, es el perejil de todas las salsas. Se requiere, para formalizar todo esto, una historia médica de los últimos cinco años de Michael. Y a tenor de lo que sé que ocurrió más tarde, una de las cláusulas se me antoja llena de intención: «Si la aseguradora

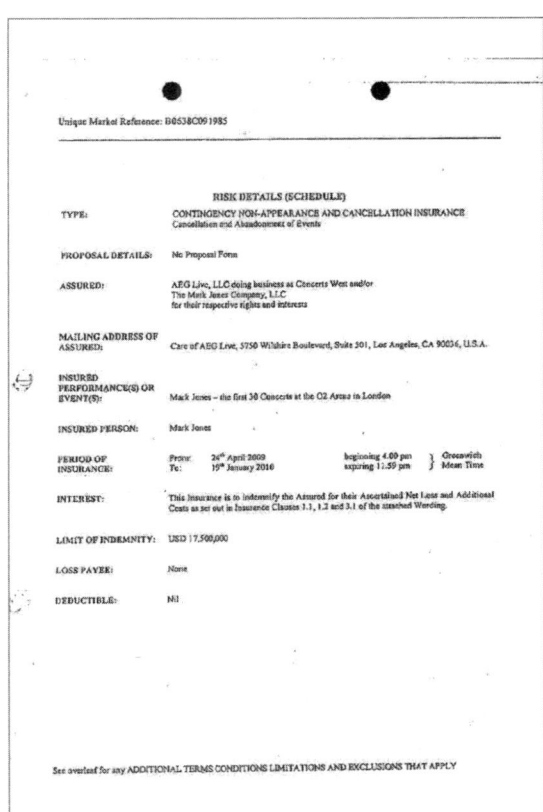

Cláusula de indemnizaciones del contrato del seguro

acepta cubrir las condiciones médicas preexistentes, el asegurado debe seguir el consejo médico». ¿Acaso se está encauzando al cantante para que deposite una fe ciega en el doctor? Hablaré de este complicado nudo en el capítulo que viene, que corresponde al juicio contra Murray, precisamente.

Otro asunto turbio demuestra que estamos ante un río revuelto codiciado por muchos pescadores. El tal Tohme Tohme, al que tanto llegaría a temer Michael, firma en abril de 2009 un contrato con la casa de subastas Julien's, de Beverly Hills, para sacar a puja dos mil artículos de Neverland. Jackson no sabe nada de este contrato y a la postre acabará demandando. En mayo de 2009, fíjese en qué fecha tan adelantada, tan cercana al desenlace final, Jackson lo despide y manda a sus colaboradores una carta sosteniendo que Tohme Tohme ya no lo representa.

Sin embargo, tras la muerte de Jackson, también me llama muchísimo la atención que Tohme Tohme aparezca junto a Jermaine insistiendo en que él sí que sigue al cargo de los negocios de Michael. Parece que este hombre ya tenía a sus espaldas varias demandas por extorsión a otra gente. Y como ya dije antes, en el momento en el que escribo estas líneas hace escasamente unas semanas que este señor y la familia Jackson han llegado a un acuerdo para finiquitar sus asuntos pendientes.

Yo sospecho que existe algo extraño que se pone en marcha en el mismo instante en el que Jackson anuncia de manera sorprendente que es su última gira, cuando la compañía AEG prorroga por su cuenta cuarenta conciertos más.

Ya he contado que en 2013 la familia denunció infructuosamente a AEG por ignorar las opiniones de Jackson y supuestamente presionar al doctor Murray para que hiciese lo que fuera para mantener al artista en pie y que cumpliera con los contratos. Todo esto, sin importarle para nada su salud.

Y, económicamente, que es lo que nos ocupa en este delicado capítulo de negocios y fortunas, hay que hacer un aparte. Porque Jackson tenía de deuda unos 500 millones de dólares. A la propia Michael Jackson Music, una empresa suya a la que pertenecía una parte importante de sus derechos, le debía dinero.

Fue en 2008, como ya he dicho, cuando tuvo que afrontar una serie de operaciones delicadas y que seguramente lo desconcertaron. Por una parte, vendió Neverland, aunque sería más exacto decir que transfirió el título de propiedad del famoso rancho a una empresa filial que él mismo controlaba, en la que él era uno de los principales accionistas. En concreto, quedó en manos de Sycamore Valley Ranch Company, una firma con sede en Delaware y controlada por una filial de la financiera Colony Capital y por el propio Michael. Colony Capital compró la hipoteca de Neverland, con un valor de 24'5 millones de dólares, y así impidió que, en efecto, Jackson tuviese que desprenderse definitivamente de su querida residencia.

Anteriormente ya había tenido que deshacerse también de los derechos de las canciones de los Beatles, episodio que merece una historia propia, como creo que está quedando claro que sucede con tantas cosas relacionadas con este artista.

Brevemente, cuento la manera en la que Michael Jackson se hizo con los derechos de las canciones de los Beatles. Y hago hincapié en la brevedad, ya que nos encontramos otra vez con uno de esos senderos que nos atraen llamando nuestra atención y pidiendo su espacio propio.

Pero sin duda que merece algún minuto de lectura este lance del que, por otra parte, tanto se ha dicho y supongo que se seguirá diciendo. Le sitúo en el 19 de noviembre de 1981. Todavía no se ha cumplido un año desde que asesinaron a John Lennon junto a Central Park de Nueva York, en la puerta de su casa, en el Edificio Dakota. Paul McCartney discutía con Sir Lew Grade para que este le vendiera el catálogo del sello que disfrutaba de las doscientas cincuenta y una canciones de los Beatles —de las que quedaron fuera las últimas composiciones de Ringo Starr y de George Harrison. Lew Grade exige que, para eso, Paul debe comprar toda la ATV Music, todo el sello editorial, en un conjunto que ascendería a los cuarenta millones de dólares. Paul llama a Yoko Ono para intentar ponerse de acuerdo y ver si, entre ambos, podían acceder a esa compra. La viuda de John Lennon no se muestra interesada. Y todo esto acaba con McCartney interponiendo una demanda contra el sello de Grade y ATV Music Corporation por usar de forma indebida los temas de los Beatles.

Y al cabo del tiempo, el 2 de febrero de 1983, llega Michael Jackson a Londres, dispuesto a preparar junto a Paul la canción *Say, say, say*, en un intento de sumarse a la inercia exitosa que proporcionaba el gran impacto conseguido por los dos en *The girl is mine*, que había entrado en el mítico álbum de *Thriller*.

Jackson se instala en la granja de McCartney en Sussex y tiene entonces lugar una conversación entre ambos que será clave y que Linda McCartney, la esposa de Paul, contaría años más tarde, a principios de los noventa. Según el testimonio de Linda, todo ocurrió la noche del martes 8 de febrero de 1983. En la cocina, hablan Paul McCartney y Michael Jackson, y Paul le cuenta a Michael que el gran negocio musical radica en la compra de los derechos de las canciones de las estrellas musicales, y le mostró el listado de derechos que él había conseguido. Parece que esto impresionó mucho a Michael, pero la intimidad propició una confesión más: el exBeatle le dijo a Jackson que la gallina de los huevos de oro estaba precisamente en hacerse con los derechos de su antiguo grupo, y le contó todo lo que llevaba luchado contra la firma ATV Music, la que los poseía. Parece que, en cierto tono jocoso, Michael le dijo que compraría sus canciones, y Paul se rio ante la ocurrencia. Pero no era una broma.

Y es que nuestro protagonista demostró ser un buen alumno. Cuando regresó a Estados Unidos, puso en práctica lo que había aprendido de inmediato, y comenzó a comprar un buen catálogo de derechos de artistas, comenzando por sus favoritos. Su abogado, John Branca, trabajó con miras a ir más allá, y cuando la gira de *Thriller* ya era un chorro de beneficios y tenían dinero de sobra como para lanzarse a la gran caza, no lo dudó. Lew Grade había vendido los derechos de ATV a una empresa de capital de riesgo que se llamaba Holmes à Court. Se fraguó el acuerdo y Branca especificó que lo que compraban era la editorial de las canciones de los Beatles, además de otros artistas del sello. La oferta de Michael a Holmes à Court resultó irrechazable: el 20 de noviembre de 1984 ofreció 46 millones de dólares.

La firma, no obstante, lo primero que hizo fue informar a Paul McCartney, que quedó desconsolado, porque él no podía alcanzar esa cantidad. No entraré en los dimes y diretes que se fueron sucediendo durante los meses siguientes porque resultan farragosos y es fácil perderse en ellos, cuando además no contribuyen en nada a la historia central. El acuerdo se firmó el 17 de agosto de 1985 por un valor de 47 millones y medio de dólares. Fue un bombazo mundial. El Rey del Pop había comprado la memoria musical de los Beatles.

«Son canciones casi perfectas, con una estructura maravillosa y melodías encantadoras», dijo Michael públicamente, y habló de sus temas predilectos de la banda de Liverpool: *Yesterday*, *Let it be*, *Hey Jude*, *Penny Lane*... O sea, las compuestas por Paul. McCartney se tomó esto muy mal, como comprenderá, dijo que Michael había cometido una alta traición y lo calificó de «perro sarnoso». «Crees que alguien es tu amigo y te roba...».

Pero el tiempo pasó, ya he contado la manera en la que los noventa descarrilaron los buenos caminos de Michael Jackson, y el destino comenzó a cobrarle con intereses el precio de cada éxito. A finales de 1995, acuciado por la necesidad de efectivo, el cantante vende los derechos de los Beatles a Sony por 95 millones de dólares. Se ha dicho que Michael le dijo a Paul que en su testamento establecería que las canciones volverían a ser de los Beatles... No fue así, claro. Se había desprendido de ellas mucho antes. ¿Habría cumplido su palabra? Dejo esta historia aquí, porque lo cierto es que McCartney sigue luchando por conseguir los derechos, no ha sucumbido todavía.

Y dicho todo esto, regreso al camino principal, a mi particular camino de baldosas amarillas, porque prosigo el sendero que ha de conducirme a Oz, donde el mago no es otro, obviamente, que nuestro protagonista. Y escribo lo siguiente con la conciencia de estar sentando una de las claves: Michael Jackson cuando muere, vale más de mil millones de euros en activos y por derechos de su difusión musical. Me vuelven a la memoria las palabras de La Toya Jackson, pero no quiero detenerme ahí de nuevo, sino pasar a facilitar más datos que ayuden a entender la dimensión de este apartado.

Porque la vida financiera de Michael Jackson después de la muerte es más agitada que sus finanzas en vida previas. Desde que falleció, el Rey del Pop ha ganado más que cualquier artista vivo. No quiero abrumarle con una oleada de datos, pero sí al menos ofrecerle un marco general que ayude a demostrar el alcance de lo que digo.

En el año 2009, Sony pagó sesenta millones de dólares por los derechos de la película *This is it*, material que luego se convirtió en la película del concierto, la más taquillera hasta ese momento. El año 2016, por ejemplo, se cerró con unas ganancias tasadas en ochocientos veinticinco millones de dólares.

Cartel de la película This is it *(2009) y carátula de la versión para PSP del juego de Ubisoft* Michael Jackson The Experience

Debajo y en la página siguiente dos fotogramas de la película (fuente: Imdb) y una pantalla del juego

Tan solo en el año en el que murió se vendieron casi ocho millones y medio de discos de Michael, cifra que casi doblaba a la segunda en la lista, que fue Taylor Swift.

Ese mismo año, Sony acordó pagar a los herederos de Jackson 250 millones de dólares por diez proyectos musicales durante los siguientes siete años.

Por otro lado, la gira mundial *Inmortal*, patrocinada por el Cirque du Soleil, recauda una media de dos millones y medio de dólares en cada ciudad. Y el sello de Jackson, Mijac Music, no para de crecer y de generar ingresos.

Uno de los activos más valiosos es una participación del 50% en el catálogo de música de Sony / ATV. Vendió la mitad a Sony en 1995 por más de cien millones de dólares, pero todavía esa participación arroja entre cincuenta y setenta y cinco millones de euros al año.

Como colofón, debemos saber que *Michael Jackson: The Experience*, el videojuego de Ubisoft, permite a los fanáticos participar en la carrera del Rey del Pop, y es otra fuente de ingresos.

Respecto al Rancho de Neverland, tengo que decir que constituye un punto débil, al menos de momento. El entramado familiar lo tenía a la venta por un valor de unos cien millones de dólares. Sin embargo, aquí se ha dejado sentir con mano dura el efecto del documental *Leaving Neverland*, de 2019, después del cual la imagen de Jackson ha vuelto a ser erosionada, tal y como ya comenté en su lugar, y ha bajado la cotización a un tercio de su valor estimado inicial, situándose ahora en torno a los treinta y tres millones de dólares.

La vida financiera de Michael Jackson después de la muerte

El Rey del Pop ha ganado más que cualquier artista vivo desde su muerte en 2009. Así es como lo hizo.

En 2009, Sony pagó $ 60 millones por los derechos de la película de Jackson THIS IS IT, *que posteriormente se convirtió en la película de concierto y documental más taquillera de todos los tiempos.*
2016 se cierra con unas ganancias de $ 825 millones.

ÁLBUMES PÓSTUMOS DE MICHAEL JACKSON
Jackson vendió 8,3 millones de álbumes líderes en la industria el año en que murió, casi el doble que Taylor Swift, en segundo lugar. Ese mismo año, Sony acordó pagarle al patrimonio de Jackson $ 250 millones por 10 proyectos musicales durante los próximos siete años, incluido MICHAEL *el año pasado.*

MICHAEL JACKSON: THE IMMORTAL WORLD TOUR
La gira mundial Inmortal patrocinada por el Cirque du Soleil de Jackson está recaudando un promedio de $ 2.5 millones por ciudad, según el proveedor de datos de conciertos Pollstar.

La propia editorial de Jackson, Mijac Music, sigue ganando millones de dólares una vez desaparecido MJ.
Catálogo Sony / ATV

El activo más valioso de Jackson es una participación del 50% en el catálogo de música de Sony / ATV. Adquirido por Jackson por $ 47.5 millones en 1985, el catálogo incluye éxitos de los Beatles, Elvis Presley, Eminem y otros y, aunque vendió la mitad a Sony en 1995 (115 $ millones), para fusionarlo con el de Sony, su participación aún arroja entre $ 50 y $ 75 millones al año.

MICHAEL JACKSON: THE EXPERIENCE videojuego
El videojuego Ubisoft permite a los fanáticos participar en la carrera del Rey del Pop y agrega mucho a los cofres de su finca.

RANCHO DE NEVERLAND
Neverland Ranch *no es una gran fuente de ingresos para la finca de Jackson. Algún día, tal vez.*
El trust familiar lo tenía en venta. Antes del documental Leaving Neverland, *su precio de venta era de $ 100 millones, y ahora creo que está a $ 33 millones. *MJ pagó $17,5 millones en 1988.*

El activismo de Jackson

Y frente a todo ese lado económico, agrio, duro y diría que hasta peligroso, quiero contraponer otra de las caras con diferente tono, porque la vida de Michael Jackson es un cuadro de contrastes continuos y muy acentuados. Y por eso, para finalizar el capítulo que lo define como un objetivo, y después de conocer lo que ya conocemos de su miedo a ser asesinado, de su imagen deteriorada y de sus turbulencias económicas, hay que ampliar lo dicho hablando de su activismo.

Fotograma del vídeo de la canción They don't care about us, *en el que aparece la imagen de Martin Luther King (fuente: Imdb)*

Político, social, racial, de clase... Jackson fue un activista de los derechos civiles. De lo que existe una certeza absoluta es de su concepción de la música, porque él estaba convencido de que su arte era capaz de llegar a la gente de manera tan fuerte y honda que podía cambiar el mundo.

Siempre está presente en él, de forma continuada en el tiempo y durante toda su vida, el hecho de reivindicar y de ayudar a la infancia. Siempre vuelvo a la tesis de que es un hombre en busca de su infancia perdida. Pero no solo esto, sino que también se ocupó de la igualdad entre negros y blancos.

Él no solo cantaba y bailaba: también creaba canciones, era autor. En una de las canciones del segundo disco de *HIStory: Past, Present and Future, Book I*, concretamente en *Money*, hace referencia directa al dinero cuando dice: «Miente por él, espía por él, mata por él». En esta letra, algunas de las frases podrían pasar desapercibidas en una canción protesta de un cantautor, sin ninguna duda.

Claro que una frase dicha por Jackson tenía una repercusión como para combatir a veinte dictadores a la vez. Aquí encontramos

Fotograma del vídeo de la canción They don't care about us, *en Salvador de Bahía*

sentencias que sin ninguna duda sentaron mal al *establishment*, como: «Y haces las guerras que deberían hacer los soldados», o «Matarían por dinero. Atrévete a no hacerlo, te amenazan por el dinero». O «Cualquier cosa por dinero, mentir por ti, morir por ti, hasta vender mi alma al diablo». ¿Qué relación no tendría Michael con la fortuna? ¿Ya había percibido su lado oscuro, la manera en la que le estaba cobrando cada tintineo de monedas?

Pero paso a otra de sus canciones que apoyan la idea de que Michael cultivó esa preocupación. Se trata de *They don't care about us*. No se preocupan por nosotros. No les importamos. El vídeo de este tema se grabó en Salvador de Bahía, un lugar pequeño, con un centro protegido del cual no se puede salir.

He viajado hasta allí y en el mismo hotel he encontrado los planos impresos donde te indican cuál es el lugar, la zona segura de la que no debes salir. Ese perímetro, de hecho, está custodiado por policía armada. Yo salí un par de veces de esa zona, quería saber qué había más allá de los límites que la seguridad establecía. Hablé con gente que había estado presente en la grabación del vídeo de Jackson, que se hace frente a la casa del escritor Jorge Amado.

Fotograma del vídeo de la canción They don't care about us, *en Salvador de Bahía*

Durante aquel rodaje, la gente salió de sus casas y abrazó a Michael, que se dejó abrazar por todos. La situación se desbordó y llegaron a tirarlo al suelo, incluso tuvo que intervenir la policía. «Rómpeme, asústame, pero nunca podrán matarme». Habla del poder y de la desigualdad: son críticas directas a la industria de la música, lanzadas al corazón de la bestia. Está metiéndose en problemas, y lo sabe. Pero allí, en Salvador de Bahía, todo el mundo lo recuerda. ¡Fue un gran día!

Es una reivindicación muy fuerte y que, insisto, no viene de alguien que pase sin pena ni gloria: viene de un gigante, del protagonista de la música mundial, de un altavoz que convierte todo lo que toca en conocido. Forzosamente, se trata de mensajes ácidos que van creando enemigos a Michael en los lugares más insospechados. Y con mucha memoria, capaces de guardar los hechos durante años y años...

Desde *Thriller*, su música está acreditada como una lucha activa contra las desigualdades. Es algo que él quiere dejar siempre patente en sus conciertos. Cuando actúa con los Jackson 5, al principio, solo van negros a verlo. Y eso es algo que cambia a medida que él desarrolla su carrera. En sus letras se percibe. También en el sentimiento que expresa introduciendo a Martin Luther King dentro de su vídeo. De alguna manera, Jackson también expresaba que él tenía un sueño, como el reverendo.

Su objetivo claro es el de exponer la injusticia y la desigualdad, y sabe perfectamente cuál es el lugar que está eligiendo para grabar ese vídeo. No se ha ido a la Quinta Avenida de Manhattan ni a los Campos Elíseos de París. Salvador de Bahía, ahí hay un mensaje cuidado y expuesto con toda la intención.

Y lo mismo ocurre con *We've had enough*. Se habla abiertamente de conflictos bélicos, y es una reivindicación rotunda por el No a la guerra, No a la violencia... Negar la esencia del activismo en esa letra es negar una evidencia: «Pregunto a los hombres de azul, ¿cómo es que ustedes pueden elegir quién vivirá y quién morirá? ¿Les dijo Dios que podrían elegir? Viste que él no huyó y que mi papá no estaba armado. En mitad del pueblo dentro de un país lejano, yace un buen chico con su juguete roto demasiado joven para comprender».

En definitiva, estoy diciendo que Michael Jackson llegó a convertirse en una persona incómoda porque tenía sus propios pensamientos y los transmitía a millones y millones de personas y lanzaba mensajes contraproducentes contra gente e instituciones muy poderosas: la industria musical, la industria armamentística... Quizá el peligro no vino tanto de él como de la dimensión que alcanzaba su figura. Y de nuevo tengo que volver, por lo tanto, a la teoría de que su camino de perdición vino marcado por su éxito descomunal.

Eso es lo que indica el modelo conspiratorio del que ya he hablado. Lo primero fue desprestigiarlo, acusarlo de abusos, de ser extravagante, extraño, de querer cambiarse de color... Vamos a hacer que se arruine, que pierda todo lo que tiene. Y si no calla, a por su dinero. Y si no calla, a por él.

Desde luego, Jackson está tocando los pilares del mundo, donde más intereses creados hay, lo que más dinero da al Estado. Casualmente, cuando Jackson comienza a dar estos mensajes, comienzan a llegar las demandas. ¿Casualmente?

En el juicio que tiene lugar después de la muerte en 2009 y del que hablaré a continuación, se escucha una llamada de Michael al doctor Conrad Murray en la que, refiriéndose a los conciertos de *This is it*, él dice que «tenemos que ser unos fenómenos, que cuando la gente salga del show diga que no ha visto nada como esto en su vida, y voy a emplear todo ese dinero para construir el mejor hospital para niños más grande del mundo». No es el delirio de un demente. Es el compromiso de un activista.

Llamada

El día 10 de junio de 2009, Michael Jackson llamó al Dr. Murray, y esta conversación se utilizó como prueba en el juicio. La importancia radica en el tono y en su voz, algo muy difícil de describirle, aunque voy a intentarlo: triste, lento, apagado, en un estado de aparente catatonia.

— *MJ: Elvis no lo hizo, los Beatles no lo hicieron. Tenemos que ser unos fenómenos. Cuando la gente salga del show quiero que digan «nunca he visto nada como esto en mi vida, vamos, es maravilloso. Es el mayor espectáculo del mundo». Voy a coger ese dinero para el hospital de niños Michael Jackson. Tendrá un teatro, una sala de juegos. Los niños están deprimidos. En otros hospitales no hay sala de juegos, no hay teatro. Ellos están enfermos porque están deprimidos. Quiero darles eso. Los cuido como a ángeles. Dios quiere que lo haga. Dios quiere que lo haga. Voy a hacerlo, Conrad.*
— *Conrad: Sé que lo vas a hacer.*
— *MJ: Ellos son los que salvarán el planeta. Ellos me han tocado el corazón. Por favor, llévame con ellos.*
— *Conrad: hmmm...*
— *MJ: Quiero hacerlo para ellos, vas a hacerlo por ellos... Eso será recordado más que mis actuaciones. Mis actuaciones siempre serán para ayudar a los niños, que son mi sueño. Les quiero. Les quiero porque nunca tuve infancia. Yo nunca tuve infancia. Siento su dolor. Siento cómo les duele. Lo comprendo;* Heal the world, We are the world, Will you be there, The lost children. *Estas son canciones que he escrito porque me duele.*

THEY DON'T CARE ABOUT US

They Don't Care About Us
Skin head, dead head
…
All I wanna say is that
They don't really care about us
All I wanna say is that
They don't really care about us

Ellos no se preocupan por nosotros
Cabeza rapada, cabeza muerta
Todo el mundo se ha vuelto malo
Todo lo que quiero decir es que
Realmente no se preocupan por nosotros
Todo lo que quiero decir es que
Realmente no se preocupan por nosotros

A ellos no les importa mucho

MONEY

Money
Money
Lie for it
Spy for it
Kill for it
Die for it
…Anything
Anything for money
Would lie for you
Would…

Dinero
Dinero
Miente por ello
Espía por ello
Mata por ello
Muere por ello
Haces cualquier cosa por dinero
Cualquier cosa
Cualquier cosa
Cualquier cosa por dinero
Mentiría por ti
Haría…

WE'VE HAD ENOUGH?

Love was taken from a young life
And no one told her why
…Why her father had to die
She asked the men in blue
How is it that you get to choose
Who will live and who will die
Did God say that you could decide?

El amor fue tomado de una vida joven
Y nadie le dijo por qué…
Por qué su padre tuvo que morir
Ella preguntó a los hombres de azul
¿Cómo es que podéis elegir quién vivirá y quién morirá?
¿Dios os dijo que podíais decidir?

BLACK OR WHITE

Todavía recuerdo aquel sábado por la mañana. Año 1991. La televisión ofreció el último vídeo de Michael Jackson: *Black or White*. Y puedo evocar todavía la sensación que me produjo al terminar de verlo, y que era algo así como no creer que, después de todo lo que ya habíamos visto, alguien pudiera seguir sorprendiendo con una canción y con un vídeo.

Otra vez lo había hecho, además, con descaro: cuando ya se empezaban a escuchar voces críticas contra él, esta vez por el hecho de que se aclarase su piel, cuando se le empezaba a acusar de ser un traidor con su raza negra, él se desmarcaba con una canción en la que superaba el debate y abiertamente atacaba las creencias que entienden que existen diferencias entre distintas personas por pertenecer a diferentes razas.

Estoy dando paso al capítulo en el que ofrezco los detalles de la muerte de Michael, de las autopsias que se le practicaron a su cadáver, de la forma en la que se llevó a cabo la investigación que acabó con las conclusiones que la Fiscalía estimó como buenas para abrir juicio y en el que se cuenta cómo fue, y con qué resultados, el juicio contra el doctor Conrad Murray por homicidio involuntario contra Jackson.

Es decir, estoy en el punto culminante en el que ya tendremos suficiente información como para poder decidir por nuestra

A la izquierda y en la página de apertura del capítulo, fotogramas del vídeo de la canción Black or White

cuenta si algo es blanco o es negro. Si Michael murió bajo el efecto de una conspiración o no. Si Conrad Murray fue el culpable o no. Si la industria discográfica, la promotora, el seguro... tuvieron algo que ver. Si existe una posibilidad no contemplada hasta ahora que explique por qué murió el cantante. Si él sabía el estado de avanzado deterioro en el que se encontraba su cuerpo antes de morir. Si el propofol letal, con la combinación de fármacos que lo acompañaron, lo inyectó Murray, se lo inyectó el mismo, lo inyectó una tercera persona...

Mire, no es mi estilo coartar la libertad del lector. Si usted ha llegado hasta aquí acompañándome en el resto del camino, estoy segura de que ya sabe que yo no considero que mi misión sea la de pensar por usted, la de suplantar su pensamiento. Me encargo de recopilar los datos de las investigaciones, de someterlos al análisis experto y de ofrecerle a usted mis propias conclusiones, pero sin evitar las suyas, dejando una puerta abierta siempre a la discrepancia y al pensamiento independiente.

Pero me ha parecido que la canción de *Black or White* era la mejor para hacer esta última consideración antes del capítulo esencial porque, al igual que en ese vídeo, cuando llegamos aquí y pensamos que la vida y obra de Jackson no podía seguir sorprendiéndonos en la misma medida que antes, resulta que aparece la escena final, la de la muerte, y todo vuelve a cobrar una dimensión nueva, inédita y más grandiosa aún.

Ya le he explicado la manera en la que el negocio de la muerte de Michael Jackson ha podido resultar rentable. Pero ¿acaso está todo aclarado en la investigación? ¿Está el caso cerrado? ¿Qué me

Composición de fotrogramas del vídeo de la canción Black or White, *de la parte del* morphing *final*

diría si yo afirmo que se produjeron ciertas circunstancias que podrían invalidar todo lo que sabemos hasta ahora? Así es. Existe una circunstancia que podría dejar sin efecto la validez de todas las pruebas recogidas, analizadas y sometidas a análisis que fueron las que sirvieron después para sostener una teoría sobre la muerte de Jackson.

Hasta ahora, nos han explicado que Michael Jackson murió de una determinada manera. Pero quizá las cosas no sean blancas o negras. Quizá ahora, que ya hace más de diez años de su muerte, tengamos que reconsiderar lo que nos han contado y entender que existe toda una gama de matices, de grises, de tonalidades distintas... de posibilidades.

Cuando en el vídeo de *Black or White* comienza ese *morphing* en el que gentes de distintas razas, tonalidades, colores, sexos y procedencias van cantando el estribillo de la canción, transformándose unas en otras, ahora, tantos años después de aquella mañana de 1991, yo siento que es una metáfora de la capacidad de cambio que se da en un caso dependiendo de cómo lo miremos. No es blanco o negro. No es el blanco del propofol. No es el negro panorama que describían sus autopsias. Michael Jackson no murió en blanco y negro, sino en color. Y voy a darle a conocer, al menos, de cuántas tonalidades se compuso esa siniestra paleta que dibujó su muerte.

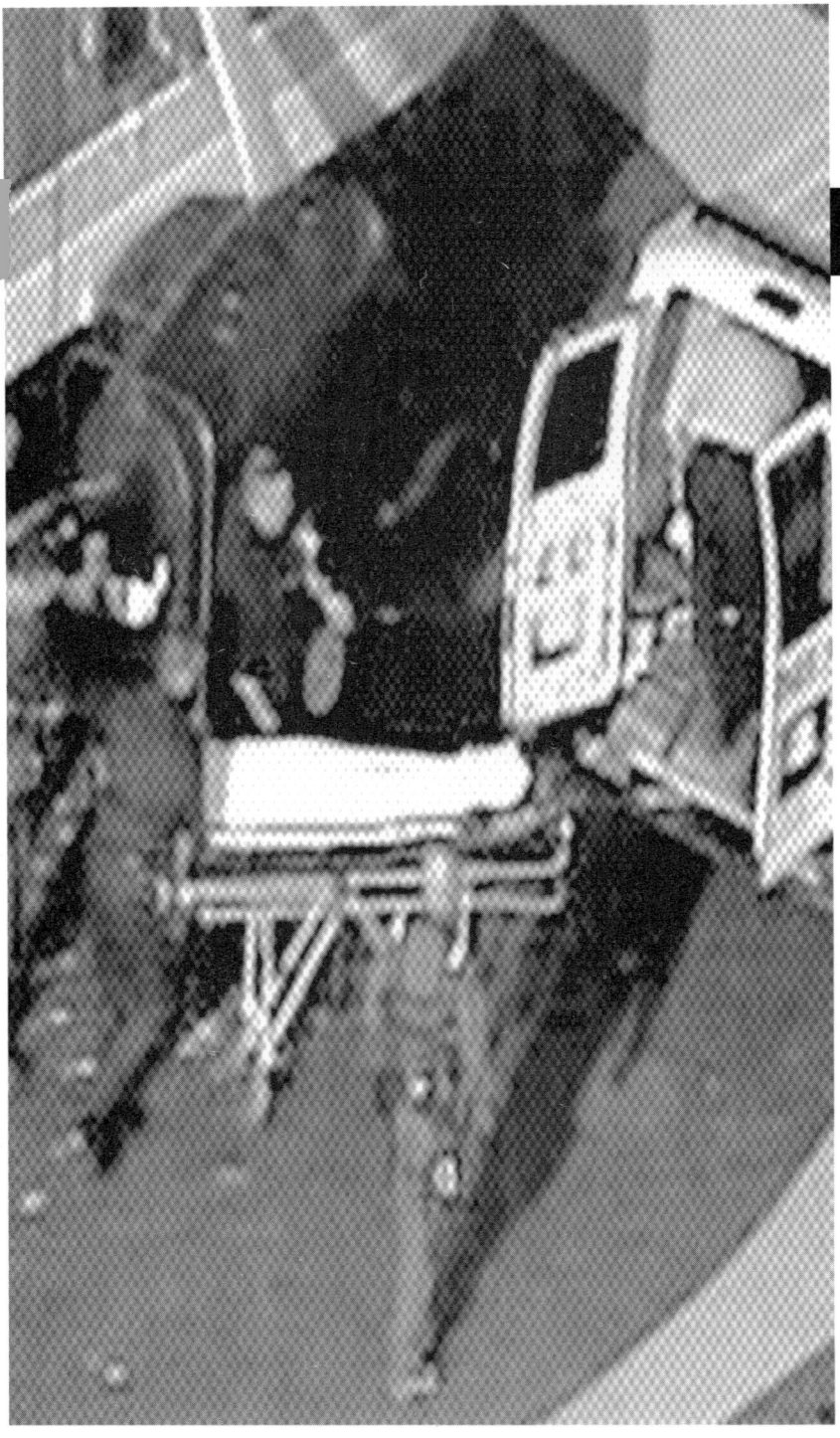

LA INVESTIGACIÓN

Dos autopsias para Jackson

Entro ya en los detalles concretos tanto de su muerte como de lo que ocurre a continuación, porque si bien sus ojos se cerraron para siempre, el cadáver de Michael tenía todavía mucho que decir, y lo dirá mediante las dos autopsias que se le practican.

La muerte oficial se produce a las 14:26, hora de Los Ángeles, y la investigación comienza a las 17:20. La autopsia se realiza al día siguiente, 26 de junio; comienza a las 3:00 am y se prolonga a lo largo de tres horas. Se determina que la causa de la muerte es una intoxicación aguda por el efecto de la ingesta de propofol y de lorazepam, esa benzodiacepina. El forense añade además una conclusión: se trata de una muerte por homicidio. Esto lo veo algo inusual, me suena raro que ya en la autopsia se determine eso, más allá de la causa mayor del deceso. Pero cuento las cosas tal y como ocurrieron, después, como suelo hacer, iré marcando cuáles son los puntos de todas las versiones oficiales que no me cuadran. Y sacaremos conclusiones, claro está.

Pero, antes de que suceda esto, antes de la autopsia, hay un documento policial que voy a dejarle a continuación para su examen. Son las anotaciones del informe policial. Las primeras impresiones, y los primeros pasos que dan. Incluye la inspección ocular al cuerpo de Michael Jackson, y también a la escena del crimen. Lo más peculiar de todo esto es que ese informe policial, lo he conseguido de un documento jurado por el inspector de policía Orlando Martinez, que fue el encargado de la investigación sobre la muerte de Michael Jackson. Desconozco si en EEUU hace falta que un informe policial vaya acompañado de una declaración jurada. Me extraña. Aquí tiene la traducción de las primeras páginas, y el documento original.

INFORME POLICIAL (EXTRACTO)

PÁGINA 1:

Condado de Los Ángeles - informe del caso -
Departamento del Forense
Caso número: 2009-04415
Muerte aparente: accidente / natural
Circunstancias especiales: personaje célebre. Interés de los medios de comunicación

Jackson, Michael Joseph

Dirección
100 North Carolwood Drive, Los Ángeles, California, 90077
Sexo: varón. Raza: negra. Fecha de nacimiento: 29 agosto 1958 Edad: 50
Altura: 1,69
Peso: 136 libras
Ojos: marrones
Pelo: marrón
Dientes: todos naturales
Pelo de la cara: sin afeitar
Condición: normal
Licencia de conducir de California número N8685798
Fecha: 25 junio 2009
Sitio de la muerte: hospital en 757 Westwood Plaza Drive Los Ángeles 90095
Ronal Reagan / Ucla Medical Center

Sitio donde recibió las heridas:
residencia (si)   En el trabajo: no
Dirección donde se le localizó: 100m North Carolwood
Drive, Los Ángeles, California 90077
Fecha de muerte: 25 Junio 2009
Hora: 14:26
Médico: dr. Cooper

Otras agencias e investigadores oficiales:
Departamento de Policía de Los Ángeles. División de
Robo y Homicidios - Det. Sco. teléfono (213) 485 2167

Transportado por: Alexander P. Perez
A: Clínica Forense De Los Ángeles
Fecha: 25 Junio 2009
Hora: 18:50
Huellas mano: sí
Ropa: no
Med eev (evaluación médica): si
Número de fotos de investigación: 30
Sello: no sellado
Phys ev (evaluación física): no
Huellas evidencias: sí
Nota de suicidio: no

SINOPSIS:

El muerto es una varón negro de 50 años que sufrió falta de respiración en casa bajo el cuidado de su médico. En el día de su muerte, el muerto se quejó de deshidratación y no fue capaz de dormir en varias horas. Más tarde, el muerto paró de respirar y no pudo ser reanimado. La ambulancia le transportó al centro médico de la ucla donde se le declaró muerto. El muerto había tomado varios medicamentos incluyendo clonazepam, tradozona, diazepam, lorazepam y flomax. Se desconoce si sufría rechazo a ciertos medicamentos. El fallecido sufría de vitiligo y no tenía historial de problemas cardiacos.

Firmado por:
Fecha: 26 Junio 2009
Hora: 04:33
Fecha: 26 Junio 2009
Hora: 07:00

Página 2

Condado De Los Ángeles, Departamento Del Forense,
INFORME INVESTIGACIÓN
NÚMERO DE CASO: 2009-04415
MUERTO: JACKSON, MICHAEL

Fuentes de información:
1. Detective W. Porche, Departamento De Policía De Los Ángeles - División Oeste De Los Ángeles
2. Detective S. Smith, Departamento De Policía De Los Ángeles - División Robo Y Homicidio
3. Centro Médico De UCLA, Registro médico número 397-5944

Investigación:

El 25 de junio de 2009 a las 15:38 horas, el detective W. Porche del Departamento de Policía de Los Ángeles (LAPD) informó de este caso como accidental o muerte natural al Departamento del Forense del Condado de Los Ángeles. El teniente F. Corral me asignó la investigación de la muerte a mí, a las 16:15 horas. Yo llegué al Centro Médico UCL a las 17:20 horas junto con el asistente E. Winter y el responsable forense A. Perez. Tras mi examen del cuerpo en el Hospital, el fallecido fue llevado por el Departamento del Sheriff de Los Ángeles al Clínica Forense. El responsable del forense, Perez, acompañó al cuerpo del fallecido durante el transporte.

El asistente E. Winter y yo dejamos el hospital y fuimos a la residencia del fallecido. Llegamos a la residencia a las 19:10 horas y llevamos a cabo la investigación de la escena. Salimos de la escena a las 20:20 horas y volvimos a la Clínica Forense.

Lugar:

Sitio de la muerte: Centro Médico UCLA, 757 Westwood Plaza Drive, Los Ángeles, CA 90095

Declaraciones de Informantes/Testigos:

La siguiente información es preliminar y sujeta a cambio dependiendo de mayor investigación por la agencia que la ley indique. Yo hablé con el detective S. Smith del LAPD y él me informó que temprano en la mañana del 25 de junio de 2009, aproximadamente a las 01:00 horas, el fallecido realizó una llamada a su médico personal, el cardiólogo Dr. Conrad Murray. El fallecido se quejó de estar deshidratado y no ser capaz de dormir. El Dr. Murray fue a la residencia del fallecido y le administró cuidados médicos. Los detalles y la extensión de estos cuidados médicos son ahora mismo desconocidos, aunque el fallecido durmió durante algunas horas y el Dr. Murray estuvo junto a su cama. Sobre las 12:00 horas, el Dr. Murray encontró que el fallecido no estaba respirando, y decidió colocar al fallecido en el suelo del dormitorio para aplicarle CPR.

Se llamó al 911 y la ambulancia respondió.

De acuerdo al registro médico (listado más arriba), la ambulancia llegó a la casa a las 12:26 horas y encontró al fallecido en parada cardiaca. Los paramédicos continuaron el CPR y el protocolo ACLS, incluyendo dos rondas de epinefrina y atropina. El fallecido fue entonces intubado y continuaron los esfuerzos CPR. El fallecido permaneció sin responder: sus pupilas estaban fijas y dilatadas. Bajo consejo del Dr. Murray, el fallecido fue puesto en la ambulancia y transportado al Centro Médico de la UCLA. Durante el transporte, todas las órdenes médicas fueron dadas por el Dr. Murray.

El fallecido llegó en parada cardiaca al hospital. Se le conectaron varias vías y un globo intraaórtico, pero el fallecido permaneció sin signos vitales. El Dr. Cooper determinó la muerte a las 14:26 horas del 25 de junio de 2009.

De acuerdo al detective S. Smith, el fallecido había realizado un importante ejercicio físico como preparación de un tour musical previsto, en el que sería necesario que contase con una buena condición física. El fallecido no tenía un historial de problemas cardiacos. Estaba tomando algunos fármacos que incluían clonazepam, tradozona, diazepam, lorazepam y Flomax, pero no se conoce su incompatibilidad.

PÁGINA 3

CONDADO DE LOS ÁNGELES, DEPARTAMENTO DEL FORENSE, INFORME DE LA INVESTIGACIÓN
NÚMERO DE CASO: 2009-04415
MUERTO: JACKSON, MICHAEL
DESCRIPCIÓN DE LA ESCENA:

La residencia del fallecido es una mansión de dos plantas en Bel-Air, en una calle tranquila residencial. La casa está limpia y bien arreglada. Yo investigué en el dormitorio en la planta segunda de la casa, a la derecha de la escalera al subir. Según informaron, este es el dormitorio donde el fallecido había estado descansando cuando entró en parada cardiaca. Su dormitorio habitual estaba abajo, junto al hall.

El dormitorio a la derecha de la escalera tenía una cama *queensize*, muchas mesas y sillas, un vestidor y una televisión. Había un gran armario de pared. La cama estaba deshecha y parecía como si alguien hubiera estado echado en su parte izquierda. Había una almohada azul de plástico y sábanas de algodón en la parte izquierda cerca del centro de la cama. Cerca de la parte izquierda baja de la cama, había una cadena de cuentas de madera y un tubo de pasta de dientes. Había otra mezcla de cosas en la parte derecha de la cama, incluyendo un libro, un ordenador portátil y unas gafas. También, cerca de la parte de abajo de la cama, había una botella cerrada de orina encima de una silla.

Cerca de la parte izquierda de la cama, había dos mesas y un sofá de color canela. Me informaron que el doctor del fallecido se había allí. Un tanque de oxígeno de color verde estaba también en ese lado de la cama. Las botellas de la medicación recetada estaban sobre las mesas con varios suministros médicos incluyendo una caja con catéteres, agujas de un solo uso y algodón para alcohol. Algunas botellas vacías de zumo de naranja, un teléfono y una lámpara también estaban sobre las mesas. Una bolsa de primeros auxilios y guantes de látex estaban tirados en el suelo junto a la cama.

Evidencias:

Recogí algunas evidencias médicas de la residencia del fallecido el 25 junio 2009.

Examen del cuerpo:

Llevé a cabo un examen del cuerpo externo en el hospital el 25 de junio de 2009. El fallecido llevaba una bata de hospital. El cuerpo era de un varón negro adulto que parecía tener aproximadamente 50 años. Tenía los ojos marrones, dientes naturales y pelo oscuro. El pelo de la cabeza del fallecido era escaso y estaba pegado a una peluca. La piel del fallecido tenía zonas más claras y más oscuras de pigmentación.

La temperatura ambiente en la habitación del hospital era de 68°
F a las 18:15 horas. A las 18: 11 horas el *rigor mortis* no había aparecido en el cuerpo y la lividez era clara. La lividez era consistente con la posición supina.

Había decoloración negra en la parte de delante de su cara y pelo. La coloración oscura estaba presente en sus ojeras, pestañas y labios. Un pequeño trozo de gasa se encontró en un lado de su nariz y un ETT, sujetado con esparadrapo médico, podía verse en su boca. El centro de su pecho presentaba una decoloración roja.

Una gasa cubría una herida pegada en la parte derecha de su cuello y cuatro catéteres estaban presentes en la izquierda de su cuello y uno bilateral en la zona inguinal. Había un catéter externo para lo orina. Podían verse más heridas adicionales de haberle pinchado en la parte derecha de su hombro, en ambos brazos y ambos codos. Hay un moratón en su pierna derecha por la parte interna, bajo su rodilla, y 4 marcas decoloradas se encontraron en la parte baja de su espalda.

IDENTIFICACIÓN:

El cuerpo fue positivamente identificado como Michael Jackson por comparación visual con su licencia de conducir de California el 25 de junio de 2009.

PÁGINA 4

NOTIFICACIÓN AL PARIENTE MÁS CERCANO

El fallecido no estaba casado y sus hijos son de menos de 18 años. Su madre es la pariente legal más cercana y fue notificada de su muerte el 25 de junio de 2009.

DONACIÓN DE ÓRGANOS:

El registro del hospital no indica si la familia del fallecido tiene establecida la donación.

NOTIFICACIÓN DE AUTOPSIA:

El detective S. Smith del LAPD-División de Robo y Homicidio pide que se realice la autopsia. Ver fichero para información de contacto.

FIRMADO:

Elissa Fleak, Investigador

26 junio 2009

(firma de otro como Supervisor)

Ahora voy a volver al tema de su examen *post mortem* porque hay una segunda autopsia y lo cierto es que, en cuanto a lo que describen en el cuerpo cuando se ocupan de decir qué es lo que ha ocurrido en el interior de Michael para provocar su muerte, no se da ningún tipo de contradicción. Sí es curioso que la segunda autopsia, la que se encarga por parte de la familia, viene de una recomendación del propio Conrad Murray. Es él mismo el que propicia esa segunda prueba. Les dice que él no va a firmar el parte de defunción porque no ve claras las causas de la muerte. Y es él quien hace que la familia tome la decisión de realizar una segunda autopsia. Esto me ayudará después a plantear una hipótesis; de momento quedémonos con el hecho de que fue el doctor el que dio tal consejo a la familia.

Dos autopsias

Hubo una segunda autopsia solicitada por la familia. Ambas autopsias concluyen que murió por una intoxicación aguda de propofol que es un potente sedante utilizado para anestesias en cirugía.

Voy a detallar ahora algunos de los hallazgos médicos que se encuentran en la prueba forense, porque son muy relevantes. En el momento de la muerte, Jackson medía 1,75 metros y pesaba 51 kilos. Uno de los primeros estudios revela que Michael tiene una próstata muy agrandada, que seguramente le había estado provocando molestias continuas y crecientes, sobre todo a la hora de vaciar la vejiga. Tengo que decir a este respecto que, cuando él llega al hospital, lo hace ya sondado: los dolores que debió de padecer tuvieron que resultar considerables, sin duda alguna.

En cuanto al sistema gastrointestinal, en el análisis se halla una gran cantidad de pólipos, sobre todo en la zona del colon. Muchos de ellos, además, con adenoma tubular, es decir: tenían una probabilidad alta de haberse convertido en malignos en caso de no haberse tratado en un tiempo corto. Se desconoce, por otra parte, si él sabía algo de esta circunstancia o incluso si, de hecho, había llegado a tratarse de esto.

Cuando examinan su esqueleto se dan cuenta de que padecía además una artrosis degenerativa muy muy avanzada que posiblemente también era fuente de intensos y continuos dolores.

En el examen microscópico que se realiza del sistema pulmonar se encuentran anormalidades. Y cito textualmente: «Anormalidades impresionantes y prolongadas». Ambos pulmones se presentaron muy inflamados, con bronquiolitos, neumonitis crónica... Y el estudio forense los califica de hallazgos anormales.

Otro punto que también puede destacarse como curioso es que se contabilizaron numerosos implantes dentales.

La autopsia, eso sí, viene a demostrar que él decía la verdad cuando hablaba de sus problemas de piel: se hallan manchas en la piel correspondientes al vitíligo. Y también se encuentran diversos tatuajes, como en las cejas o en los párpados, simulando el efecto de un delineador de ojos, o los labios, que tiene tatuados de color rosa. Y el pelo, en efecto, era una peluca que llevaba adherida con una sustancia adhesiva. Debajo de esa peluca estaba su pelo natural, que al contrario de la melena lisa que mostraba en público es corto, rizado y con una calvicie frontal. Esto seguramente se debe al incendio que sufrió durante la grabación del anuncio de Pepsi en 1984.

Y en cuanto a cicatrices, cuenta con quince cicatrices quirúrgicas alrededor de la cara y el cuello, muy compatibles con operaciones de cirugía plástica, según la autopsia. Las presenta en la nariz y detrás de la oreja izquierda. De nuevo, nos recuerdan a las intervenciones posteriores a las quemaduras de los ochenta. Y sí que recuerdo que él admitió, sin más, haberse sometido a dos rinoplastias y a una operación para crearse ese hoyuelo en la barbilla que tanto deseaba. Lo de la nariz, también quiero dejarlo dicho otra vez, venía de esa obsesión de narigón que tenía desde niño, cuando su padre le llamaba insistentemente «narizotas».

Curiosidades de la autopsia

Michael Jackson tenía tatuada la línea de los ojos, los labios de rosa, peluca pegada sobre su pelo corto y rizado, y el frontal calvo, probablemente tras haberse quemado en el anuncio de Pepsi en 1984.

Los datos hablan asimismo de que todas las inflamaciones y artritis se agravan mucho más por la presencia de un lupus eritematoso, algo que es cierto que le había sido diagnosticado hace muchos años y que él conocía perfectamente. Se trata de una dolencia crónica en la que el sistema inmunitario daña al propio cuerpo, provocando inflamación. La autopsia indica la gravedad del asunto y habla de dolores de pecho y jaquecas probablemente a raíz de ello: y explica su sensibilidad a la luz solar, que le provocaba llagas en la boca. Por eso se protegía tanto del sol. Por eso los paraguas.

Y se le detectan 180 miligramos de propofol, algo monstruoso. Realmente fuera de toda comprensión. El doctor Conrad Murray admite solamente haber suministrado 25 miligramos. Y me parece muy llamativo que se encuentre propofol en el estómago, algo que es totalmente inusual, porque siempre se suministra por vía intravenosa, jamás de forma oral. Jamás. Y aunque no se llega a ninguna conclusión, da que pensar. ¿Acaso Michael se tomó el propofol por su cuenta y riesgo, bebiéndolo directamente del envase? ¿Puede que alguien le hiciera tragar la sustancia para despistar? No lo sabemos. Volveré a esto después.

Sí, llama la atención en general que se vayan encontrando tantos daños reseñables, porque no corresponden a un hombre de su edad, con cincuenta años, sino a alguien mucho más mayor.

Vamos a pensar: si todo esto fue encontrado en la autopsia, nos hacemos una idea del estado en el que se hallaba Jackson. Y a este señor, en estas condiciones, se le pretendía hacer que cumpliera con cincuenta conciertos de primer nivel y de una exigencia absoluta en apenas unos cuantos meses. La promotora, además, en teoría, lo había sometido a un examen médico que había determinado que se encontraba apto para emprender la gira. Desde luego, con los datos de la autopsia en la mano, mi opinión es que Jackson no habría aguantado ni un asalto.

Como material adicional, me parece que es muy significativo y que para usted puede resultar sumamente interesante, que le muestre las anotaciones dibujadas que realizó el forense. Pero, más allá de esos esquemas, de esos dibujos en los que queda marcada la vida y la muerte de un hombre que llegó al medio siglo como si fuese alguien centenario, existen dos archivos que sí me han impresionado en el curso de estas investigaciones. Me refiero a las instantáneas que retratan el cadáver de Michael Jackson.

Recuerdo que me las mostraron en papel, sacadas de un sobre; me reservo el dónde, el quién y el cómo. Y siempre recordaré las palabras que me dijo la persona que me brindó ese material respecto al gesto que adoptó mi cara cuando contemplé a Michael Jackson muerto por primera vez: «Has puesto la cara de quien ha visto morir al rey».

Es probable que fuese así. Era como la prueba definitiva de que la gran noticia era cierta, de que no cabía duda alguna. Michael Jackson había muerto. Cuando contemplé aquellas imágenes inéditas, de alguna manera sentí que yo pasaba por ese momento en

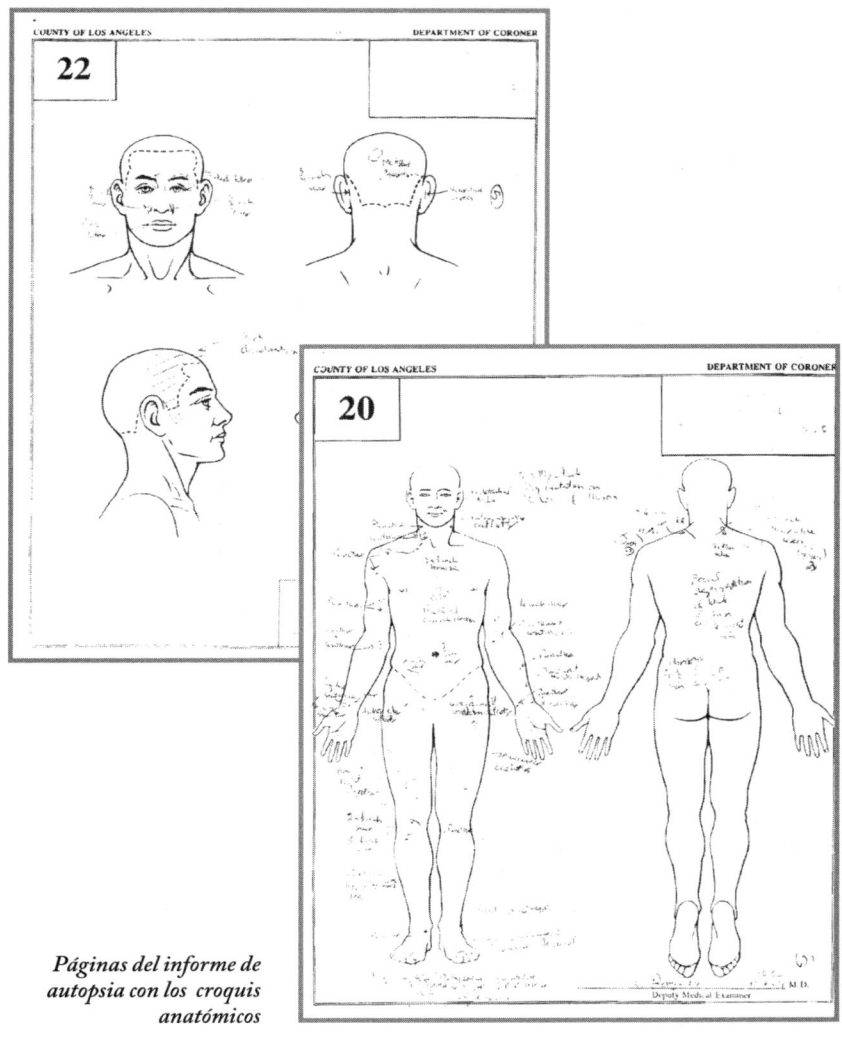

Páginas del informe de autopsia con los croquis anatómicos

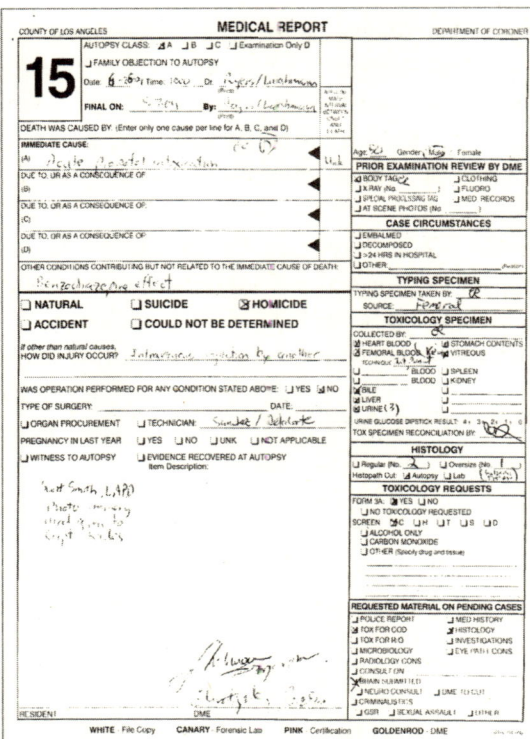

Página del informe de autopsia en la que se marca como causa probable de la muerte el homicidio. Debajo detalle de la página en la que se detallan las cicatrices

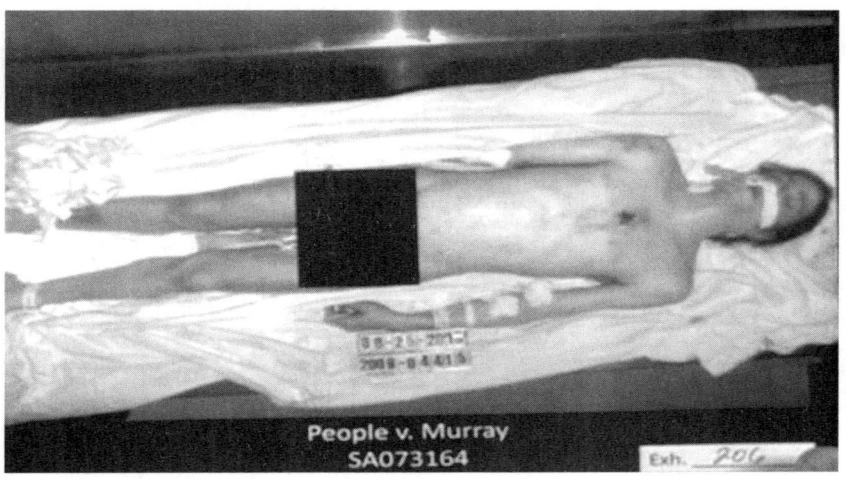

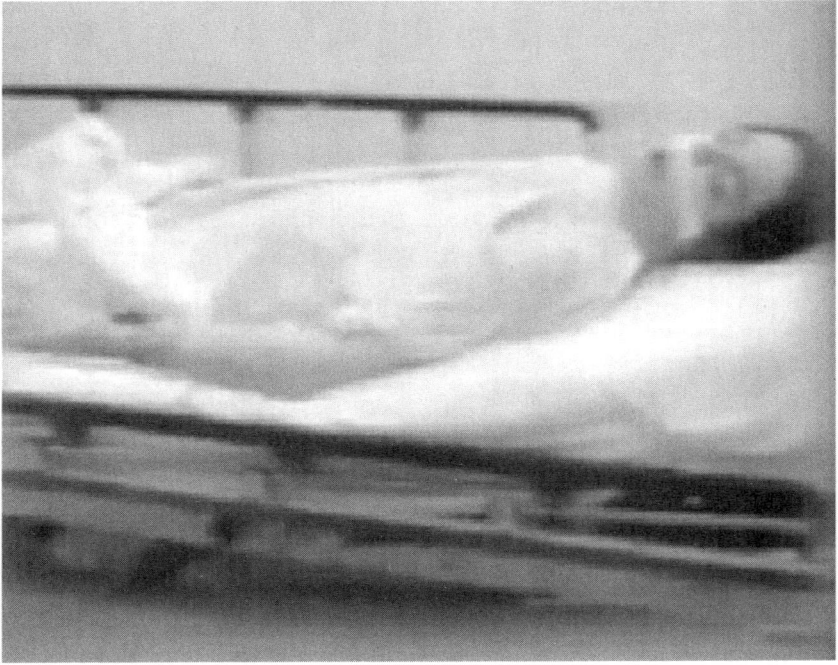

Foto de Jackson muerto en una camilla del Anatómico Forense, tomada durante la autopsia, que mostró la fiscalía de Los Ángeles durante el testimonio de Christopher Rogers, un funcionario de la oficina del médico forense de la Universidad de Louisiana que actuaba como testigo de la acusación en el juicio contra el Dr. Conrad Murray

Debajo, la foto que se filtró en los medios de Jackson ya muerto en el hospital al que fue trasladado

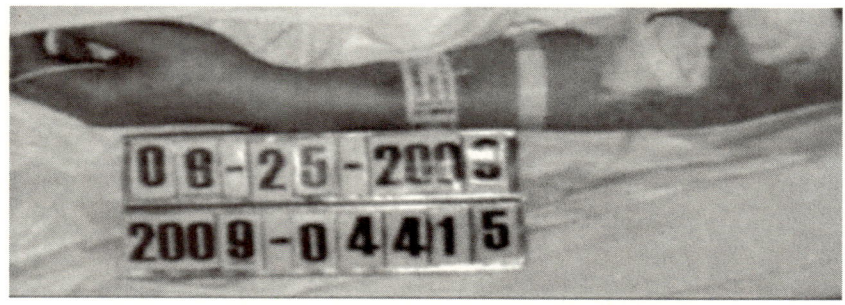

Detalle de la foto tomada durante la autopsia, que mostró la fiscalía de Los Ángeles durante el testimonio de Christopher Rogers. Según su testimonio, la fecha de la tablilla estaba equivocada, debiendo ser el 25 de junio

el que hay que reconocer al cadáver. Sí, es él. Es el Rey del Pop. Michael Jackson ha muerto. Algo así debió de transmitir mi cara, algo de eso es lo que me dijo esta persona con esa frase suya tan enigmática. «*Your face has seen the King dead*, fueron sus palabras exactas.

Y sí, me voy a permitir rememorar aquel momento y describirle a usted de nuevo esto que tanto me impactó.

En la primera de las imágenes, Michael se encuentra sobre una camilla de hospital. Tiene los ojos cerrados, la boca abierta, la cabeza echada hacia un lado. Una bata le cubre y sus brazos aparecen lacerados y marcados. Su piel es blanca, blanca hospital, y el gesto me dio la impresión de contener todo el cansancio del mundo. Me pareció que la muerte, para ese cuerpo, había podido suponer más un alivio, un descanso, que un mal. Después de todo lo que sabemos, imagino que es el rostro que de su padre vieron sus hijos, cuando lloraban en el cuarto y el doctor Murray se afanaba por despertarlo. Los niños, sus ángeles, quizá supieron que el sueño alcanzado sería definitivo.

La otra fotografía me resultó —y me lo sigue resultando— más dura. En esta ocasión ya contemplo a un Michael Jackson cadáver, visto desde arriba. Con los brazos dejados caer a los lados, la cabeza colocada con cierto mimo, eso me pareció, y un recuadro negro que tapaba sus partes íntimas. Un último decoro. La muerte imponiendo una atención con él, que en vida no se había respetado. Muy delgado, con una cinta amarilla en el tobillo izquierdo, su cuerpo era el envase vacío de una vida agotada por el éxito, los focos, el ruido, los juicios, las caídas, la fama mundial, el desprestigio... Todos creíamos conocer a Michael Jackson, pero quizá el único que lo conocía era el espejo que le devolvía esta imagen en su intimidad. El espejo del que le hablaba al principio de este libro. Recordé entonces las palabras del poeta Bécquer cuando se lamenta: «¡Dios mío, qué solos se quedan los muertos!». Y pensé que Michael Jackson siempre había estado solo. Al menos ahora, me dije, le acompaña la muerte.

> ### Así concluye la autopsia
>
> *FUENTE: Oficina Forense del condado de Los Ángeles (EEUU)*
> *Sujeto: Michael Joseph Jackson*
> *CAUSA DE LA MUERTE: Intoxicación aguda por propofol, y efectos derivados de la administración de benzodiazepina*
> *Dictamen forense: homicidio*
> *RESULTADO: Los medicamentos propofol y lorazepan (Ativan) se consideran los principales medicamentos responsables de la muerte. Otros medicamentos detectados fueron midazolam, diazepam, lidocaina y efedrina.*

La investigación

La investigación, como ya le dije, comenzó en seguida, apenas a las tres horas de la muerte oficial. Nos situamos en una mansión privada de Holmby Hills, en el distrito de Westwood de Los Ángeles, California. El barrio se encuentra entre Beverly Hills y Bel Air y tiene como vía principal la mítica Sunset Boulevard, que Billy Wilder inmortalizara en su película. El diseño y la construcción de la mansión correspondieron al amigo de Michael, Hadid Development, en el año 1999. Se trata de una propiedad valorada en 40 millones de dólares que el propio Hadid habitó antes de venderla a un inversor que fue, a su vez, el que se la alquiló a Jackson por un precio de cien mil dólares mensuales. Parece que antes de esta, Michael se había interesado por otra propiedad de Hadid, la del 630 Nes Road de Bel Air.

Vista de Google Maps del domicilio de Jackson

De modo que aquí es donde los investigadores acuden. Llegaron pasadas las siete de la tarde para comenzar con la inspección ocular. Lo primero que me resulta extraño y que creo que es muy reseñable es que no se precintó en ningún momento la propiedad. Esto lo digo por primera pero no por última vez. Lo tendré que repetir hasta la saciedad en las siguientes páginas. De hecho, los familiares de Jackson siguieron accediendo a la casa durante horas y horas, llevándose lo que quisieron de su hermano. Y con esto no estoy señalando hacia ellos, pero sí que afirmo de manera categórica que se rompió de lleno la cadena de custodia, ya que la escena había sido contaminada. Insisto: se rompió la cadena de custodia.

Hablamos de una muerte que se está estudiando y que será considerada un homicidio, luego se investiga un lugar que ha de ser considerado como escena del crimen. Si no se respeta la cadena de custodia, no se tiene certeza de que las pruebas conseguidas sean veraces, ni tampoco los indicios. La gravedad del asunto en una investigación es de gran calado, por supuesto.

Los investigadores, no obstante, lo encuentran todo en orden aparente y suben a la segunda planta, hasta el dormitorio donde

Conrad Murray le había estado suministrando todas las sustancias que ya he dejado descritas detalladamente en su momento. La habitación está amueblada, él dormía en una cama de matrimonio que se muestra ante los agentes con las sábanas revueltas, tal y como se supone que había quedado todo cuando horas antes partieron para el hospital en un último intento por salvarle la vida.

Me llama mucho la atención cuando veo las imágenes tomadas de aquel momento la gran cantidad de botes y medicamentos que se amalgaman sobre la mesilla de noche. En la cama, además, se daba la impresión de que continuaba el hueco de su cuerpo, como si el colchón y las sábanas lo estuviesen echando ya de menos y siguieran reclamando su presencia. Ya no está Michael sino su fantasma, su recuerdo.

A los pies de la cama se encuentra un tubo de pasta de dientes, una cadena de cuentas y una botella de orina. Al otro lado, un libro, unas gafas —porque Michael no veía bien: hasta el punto de que se ha llegado a decir que podría haber sido declarado oficialmente ciego debido a sus problemas de visión—, un ordenador portátil y, en una mesita aparte, no en la mesilla de noche, varias botellas vacías de zumo de naranja, una bebida que a él le encantaba.

Los investigadores también pudieron examinar el tanque de oxígeno, al lado de la cama, y que se encuentra ya vacío. Se encontró una bolsa de ventilación, con la máscara de darle el oxígeno, al lado de donde intentaron reanimarlo. Y guantes de látex, agujas desechables, botes de alcohol, cajas de catéteres... y se recogieron dos jeringuillas de diez milímetros con líquido blanco residual y múltiples botellas abiertas de propofol. Viales de lidocaína, lorazepam, flumazenil... todo lo que ya sabemos que se había suministrado y que la autopsia corroboró.

Y a pesar de lo que he contado de la cadena de custodia, rota por el hecho de que la escena no se precintara antes de la inspección, se recoge todo el material descrito como prueba.

De los varios investigadores que se emplean a fondo en este trabajo, al frente estaba el detective Orlando Martinez, del Departamento de Policía de Los Ángeles. Después de la inspección ocular, Martínez acudió al hospital para realizar un examen externo del cadáver de Jackson. Y de sus conclusiones puedo leer unas cuantas líneas:

«El cuerpo del difunto, con una bata blanca de hospital, corresponde a un hombre adulto de raza negra que parecía tener unos cincuenta años. Los ojos de color marrón, el cabello castaño… La cabeza del difunto tenía una peluca, su pelo natural era escaso. La piel presentaba numerosas manchas claras y oscuras».

Martinez añade algunos datos más para la investigación, como que la temperatura de la habitación del hospital en ese momento es de 68 grados Fahrenheit —lo que equivale a 20 grados Celsius—, y que el rigor mortis todavía no se había presentado en el cadáver del difunto, aunque ya presenta una evidente palidez.

Describe los tatuajes que se reseñan en la autopsia, tenía una gasa pegada con esparadrapo en el cuello, las vías abiertas por las que se habían administrado las sustancias —en el cuello y la ingle—, la sonda externa de la orina y algunas heridas punzantes adicionales en la zona del hombro derecho, en ambos brazos y en los tobillos, y que presenta una contusión debajo de la rodilla, en el llamado hueco poplíteo, y en los glúteos. El cuerpo fue identificado positivamente como el de Michael Joseph Jackson, y lo comparan para ello con la fotografía de su licencia de conducir.

A partir de la inspección ocular que se realiza en su casa, de la recogida de pruebas y del reconocimiento del cuerpo, siempre con el detective Orlando Martinez al mando, el siguiente paso estaba claro que iba a ser el de interrogar al médico, al doctor Conrad Murray. De esto no cabía ningún tipo de duda, ya que él había sido el que lo había atendido durante toda la última noche, administrándole todo tipo de sustancias, le había dado los primeros auxilios, y él era también el que estaba presente en el instante de su muerte. Lo interrogan dos veces, antes y después de los datos definitivos de la autopsia.

La cuestión no tarda demasiado en centrarse en torno al propofol. Era de esperar. Quieren saber quién es el que ha suministrado esta sustancia a Michael Jackson. Es lógico: las autopsias señalan a la sobredosis de propofol como causa de la muerte. Conrad dice que él no fue quien le llevó esta sustancia, que ya las tenía Jackson

En la página siguiente, fotografías de los medicamentos encontrados en el dormitorio del cantante. Arriba, viales de propofol, flumazenil, midazolan y lorazepam. (Fotos del Departamento de Policía de Los Ángeles)

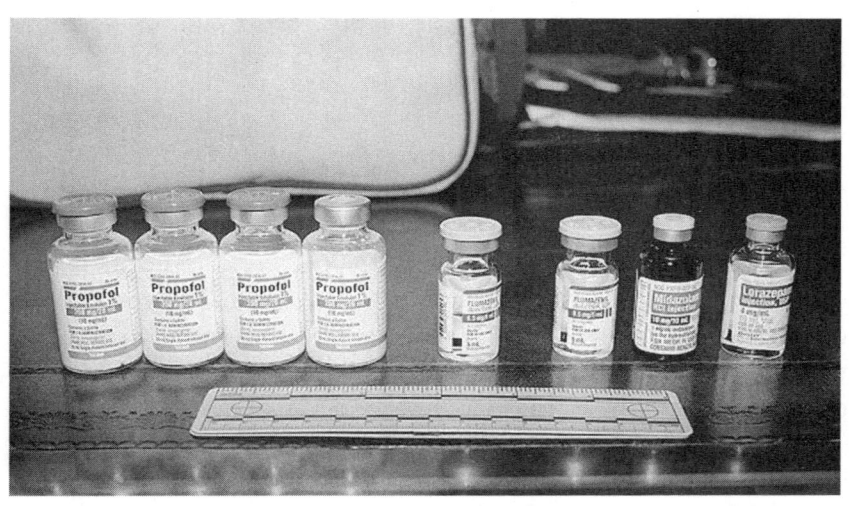

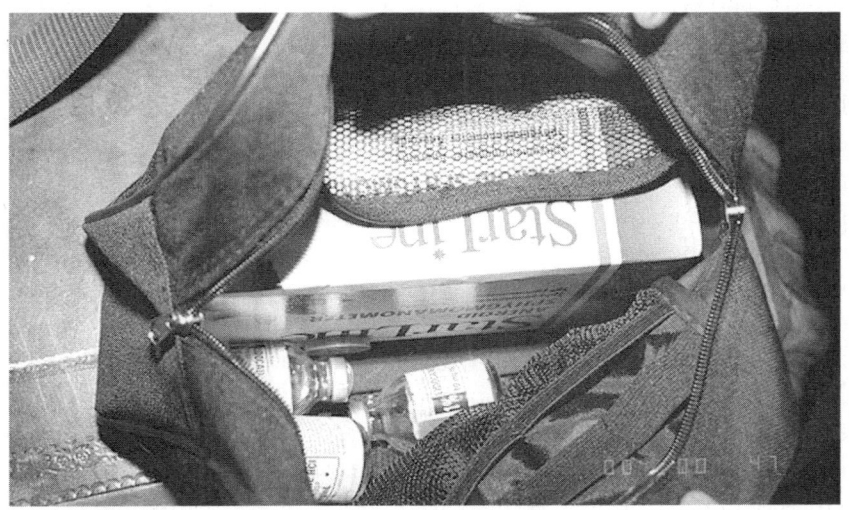

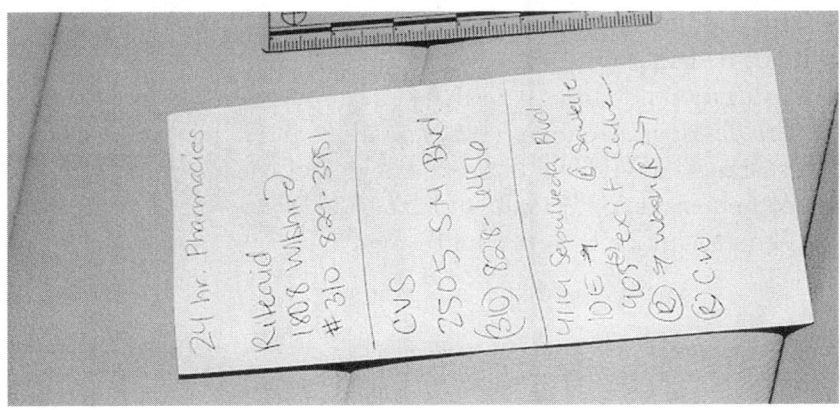

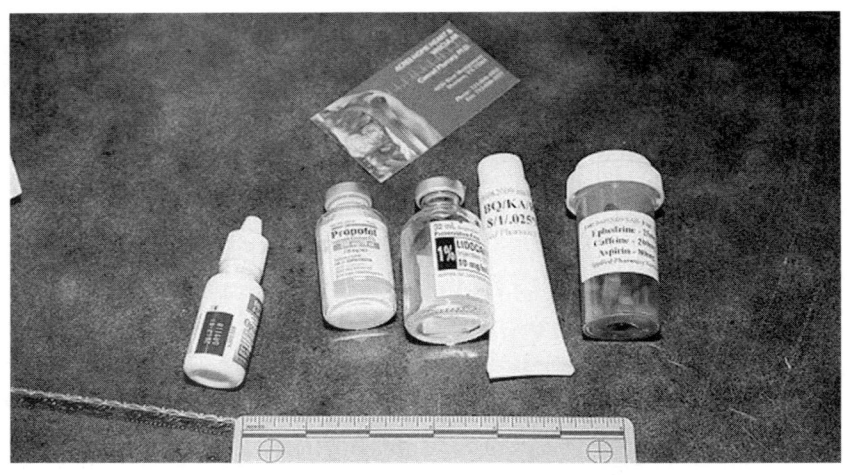
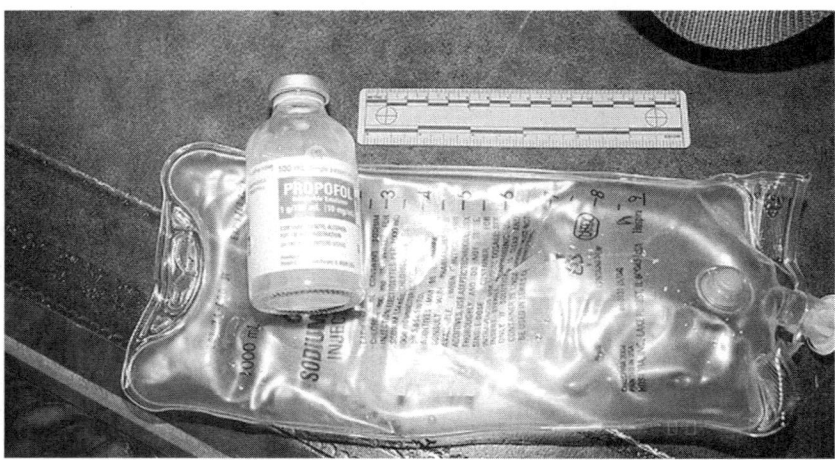
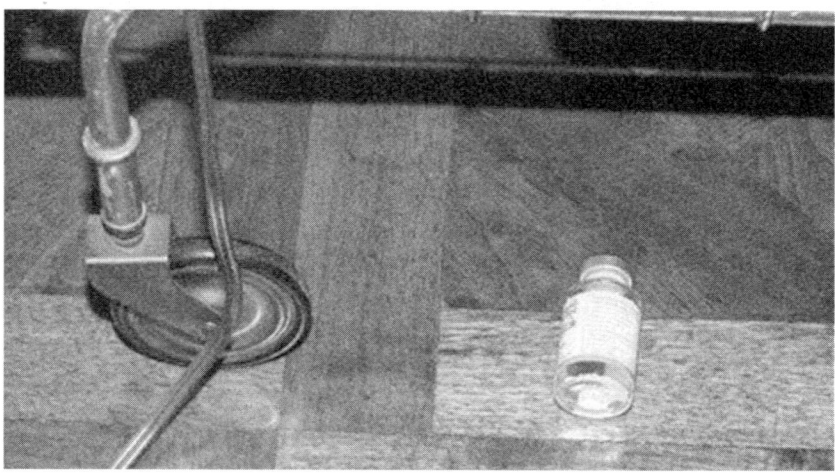

por su cuenta. Los tarros de propofol llevan una etiqueta médica, y Conrad Murray aduce que él no era el único doctor con el que el cantante tenía trato: un facultativo le llevaba el tema de su piel, había una enfermera, antes que él tuvo otros médicos personales... Eso era cierto, y después, en el juicio, el desfile de doctores será importante.

Los investigadores, en efecto, elaboran una lista con cinco médicos que son los que han podido estar dando medicamentos al fallecido. Entrevistaron a todos ellos, algunos en otras ciudades, y no solo a ellos, sino hasta treinta personas que habían formado parte del cuerpo médico que pudo atenderle en cualquier lugar en los últimos tiempos. Se incluyeron aquí enfermeras, farmacéuticos...

Se llevó a cabo un registro en el domicilio de Conrad Murray, incautaron todo tipo de sustancias que encontraron y hasta su coche, que no le devolvieron hasta que finalizó la investigación. Conrad colabora en todo momento y siempre se declara inocente. En ese momento, en efecto, no se halla ningún indicio de culpabilidad. Y declara que Michael ya era adicto al propofol cuando él lo conoció y que de hecho él había intentado proporcionarle otro tipo de sustancias alternativas para ver si podía acabar con esa adicción. Esta será después la cuestión principal para determinar qué ocurrió y quién tuvo la culpa.

Pero la investigación policial, de acuerdo además con los datos que se desprenden de la autopsia, entiende que las condiciones en las que Michael se encontró durante esa última noche hacían imposible que él mismo se hubiese suministrado nada, el propofol en concreto, más aún teniendo en cuenta la posición del catéter, en la ingle. Y acuerdan, finalmente, en hablar de homicidio y en poner todo el asunto en manos de la Fiscalía.

A partir de aquí, se presentan dos escenarios distintos:

— Lo que piensa la Fiscalía.
— Lo que piensa la defensa de Conrad Murray.

De entrada, lo que la Fiscalía propone es que Murray administró a Jackson esa mezcla de benzocaína, propofol y la lidocaína.

En la página anterior, fotografías de lo encontrado en el dormitorio del cantante. (Fotos del Departamento de Policía de Los Ángeles)

Y que lo hizo en el dormitorio, en el transcurso de la noche. En algún momento concreto, el cantante no es que se durmiera, sino que perdió el conocimiento. Y, por tanto, al ausentarse Murray de la estancia, estaba incurriendo en un comportamiento negligente porque dejó al paciente en unas condiciones peligrosas. Durante el tiempo en el que el doctor permaneció en el baño, Michael sufrió una especie de apnea, entró en un estado en el que no podía respirar.

Al volver Murray junto a la cama, se dio cuenta de que se le había detenido la respiración. Entonces, siempre según la versión de la Fiscalía, insisto, sería cuando administró el flumazenil, ese componente que tiene un efecto contrario y que neutraliza el efecto de las benzodiazepinas. Le inyectó todo para intentar contrarrestar todo lo que le había administrado previamente. Al comprobar que no le hacía efecto fue cuando Conrad habría decidido iniciar las maniobras de reanimación cardiorrespiratoria. No consigo entender por qué las primeras maniobras de reanimación Murray dice practicárselas en la cama, y no en el suelo, sobre superficie dura. Esto no es algo que cuadre con una decisión médica lógica.

La Fiscalía se basa, entre otras pruebas e indicios, en la declaración del propio Murray. Y es que en la declaración del doctor se hallaron algunas lagunas: él dijo que se había ausentado unos minutos, que fue al baño, que estuvo hablando por teléfono, y que lo que él había administrado se limitaba a una cantidad de 25 miligramos de propofol. Pero obviamente, esto no coincide con los niveles de propofol hallados en la sangre: 180 miligramos.

En el lado opuesto del asunto, tenemos el relato de la defensa de Murray, que sí que admite que se administraron estas sustancias, pero no en la proporción en la que afirma la Fiscalía, aunque eso venga apoyado por la autopsia; Murray, argumentan los abogados, abandonó durante un tiempo la habitación, dejando a Michael estable y dormido, en ningún momento con signos de hallarse bajo ninguna crisis.

La clave de esta versión es que propone que el paciente pudo despertarse, aprovechar que estaba solo, y administrarse él mismo el resto del propofol. Con lo cual, se está proponiendo en realidad que la causa de la muerte de Jackson fue accidental o provino de una acción de él mismo.

A mí me parece que esto fue un error por parte de la estrategia de la defensa del doctor Conrad Murray, porque además el médico sabía que era muy complicado creer que Jackson, en su estado y con todo lo que llevaba encima, hubiese despertado, se hubiese orientado, incorporado e inyectado él mismo una sustancia muy determinada a través de la vía que tenía abierta en la ingle.

Creo que está claro que la defensa buscaba una teoría sólida en la que poder ampararse sin tener que implicar a un tercero. Ellos insistieron, por eso, desde el principio hasta el fin, en la inocencia de Murray y en que fue Michael Jackson el que se inyectó la sobredosis de propofol, ya fuera voluntaria o involuntariamente, porque ni siquiera fuera consciente de sus actos.

La Fiscalía presentó el testimonio de una serie de médicos forenses para apoyar la idea de que la versión de la defensa de Murray resultaba inverosímil. Estaba claro que era el punto que había que atacar, porque no solo era inconsistente, en efecto, sino porque además constituía la piedra angular de toda la argumentación: desmontando ese aspecto, el edificio entero alzado por los abogados de Murray caería. Estos dijeron que Jackson había visto cómo se lo hacían en numerosas ocasiones y que entendía a la perfección la logística de cómo se hacía.

A día de hoy, a mí me sigue pareciendo una opción difícil de plantear y creo que imposible de creer. Y, de todos modos, los médicos llamados por la Fiscalía, a pesar de las maneras distintas de formular la duda, respondieron lo mismo: que esa posibilidad no se podía calificar como de imposible por completo, pero que sí que se les antojaba tan improbable que ni siquiera merecía ser tenida en cuenta.

Se incautaron dos jeringuillas: una contenía restos de la medicación que se le había ido dando y otra con el propofol y la lidocaína. Eso sí: en ningún momento, ni en la investigación ni durante el juicio, se obtuvieron las huellas dactilares de las jeringuillas. Creo que habría sido interesante, porque en caso de no haber estado las huellas de Michael en ellas, se habría descartado de entrada esa posibilidad. Y aquí tengo que volver a lo que ya dije antes: la validez de todo lo que fue recogido, con estas y con otras pruebas, queda en entredicho en el punto en el que se rompió la cadena de custodia, ya que no se acordonó la casa y allí siguieron entrando y saliendo cuantos quisieron. No hay certeza, por lo tanto, de que alguna de las pruebas o indicios no haya estado contaminada. Me parece que esto es tan esencial, tan básico, que me sigue asombrando que se haya dejado pasar por alto. Lo mismo que lo de las huellas de las jeringuillas, insisto.

Visto lo visto, a tenor de los datos de la autopsia, de los resultados de la investigación y de los testimonios y pruebas que aparecen en el juicio, la tesis que yo sostengo como más probable es la siguiente: en un momento dado, Conrad sale de la habitación —premeditadamente o no—, deja el camino libre y, con Jackson inconsciente, una tercera persona es la que inyecta la sobredosis de propofol a Michael. Sigo pensando que no cuadra en ningún modelo de análisis el hecho de que el cadáver presentara propofol en el estómago, ingerido vía oral.

Encaja, por lo tanto, con la tercera persona: ni Jackson iba a beber el propofol ni el médico hubiese actuado de esa manera. Tal vez lo que se intentó fue que se pensara, con poca idea médica, que cuando se encontrasen esto en la autopsia lo más factible sería pensar que Michael había ingerido oralmente, y por su cuenta, la sustancia. De modo que la persona que inyectó sabía dos cosas de cara al futuro cadáver: la primera, que un forense iba a analizar el estómago en busca de sustancias, y la segunda, que el propofol en el estómago podría servir de coartada para el médico, porque ningún galeno habría actuado administrando propofol por boca. Y digo más, un tercer punto: desviar la atención hacia el propio Jackson como posible responsable de la sobredosis.

En enero de 2010, la policía finaliza oficialmente su investigación. Ahí ya se está fraguando el cargo de homicidio involuntario. Las tareas de investigación, en realidad, habían concluido a finales de diciembre. La policía, no obstante, piensa que, aunque ellos habían encontrado evidencias suficientes, sería «complicado» demostrar culpabilidad alguna. Y ya se apuntaba al propofol como el nudo gordiano de todo el asunto. Así que, dentro del largo y complicado proceso que constituyó la aclaración de lo ocurrido y la asignación de responsabilidades, hay un momento en el que la policía acaba su trabajo y lo pone en manos de la Fiscalía.

Después seguiré con ese pasaje en el capítulo dedicado al juicio contra Murray. De modo que el juicio es la continuación lógica del relato de la investigación. Pero antes, déjeme decir alguna cosa acerca de la ceremonia de despedida de Michael y de su entierro.

El ataúd dorado

Antes de continuar con el relato de lo ocurrido, que pasa por asistir al juicio por homicidio contra el doctor Conrad Murray, creo que es conveniente que le cuente algo acerca del funeral público que se brindó a Michael Jackson el 7 de julio de 2009 y, posteriormente, de la ceremonia íntima que tuvo lugar el 3 de septiembre de ese mismo año.

Doce días después de su muerte, y tras un par de actos privados con la familia y amigos cercanos, el Staples Center de Los Ángeles reunió a una multitud deseosa de dar el último adiós al ídolo. Muchos portaban guantes en una sola mano, en señal de cariño hacia el cantante. La muchedumbre se agolpaba en los entornos del estadio mientras que la familia se recogía en el cementerio de Forest Lawn, disfrutando de un momento íntimo en honor de Michael. Es el mismo cementerio donde descansan los restos mortales de Bette Davies, Clark Gable, David Carradine o Humphrey Bogart, en las colinas de Los Ángeles. Fue curioso que Elizabeth Taylor, tan amiga de Michael, se negase a participar de este acto, al que calificó de circo. Sí que estaría en septiembre, cuando tuvo lugar una ceremonia privada. Diana Ross tampoco pudo asistir y mandó un mensaje de condolencia para la familia.

El trabajo que se realizó en materia de seguridad también quedó para la historia, con tres mil doscientos agentes desplegados, en el ambiente existía ese aire de ocasiones anteriores tan solemnes, como pudieron ser los funerales del presidente Kennedy en 1963, o los de la Princesa Diana de Gales, en 1997.

Se pusieron a disposición de la gente diecisiete mil quinientas entradas gratuitas, en un sorteo que se realizó online y en el que participaron en menos de un día más de un millón doscientas mil personas. La ciudad de Los Ángeles fue la capital del mundo durante aquellas horas en las que el pabellón en el que juegan Los Lakers reunió la flor y la nata de la música y tuvieron lugar algunas de las horas más emotivas que se recuerdan en algo relacionado con Michael. Recuerdo estar viendo en directo la ceremonia, que por cierto fue seguida por dos mil quinientos millones de personas en todo el mundo. Repito: dos mil quinientos millones de personas, casi se podría decir que cerca de la mitad del planeta

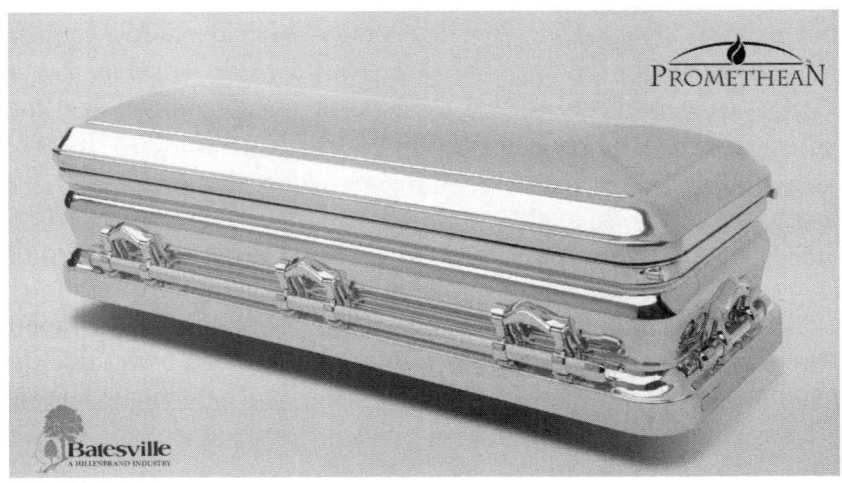

El ataúd «Promethean» de la empresa funeraria Batesville Casket Company, de Batesville, Indiana, EE. UU. (imagen de catálogo)

entero, al menos de los adultos. Superó a la retransmisión más vista hasta entonces, que había sido la de la llegada del hombre a la Luna. Y a la par que esto ocurría en Los Ángeles, tenían lugar ceremonias en su honor en diferentes lugares del planeta: Madrid, París, Londres, Berlín, Bruselas, Estocolmo, Gotemburgo, Oslo...

Algo tarde, como a las diez de la mañana hora local, llegó el féretro de Michael. De bronce sólido y chapado con oro de catorce quilates, forrado con terciopelo azul. Aunque el ataúd en todo momento permaneció cerrado, lo cierto es que su presencia se dejó notar, sobre todo porque no se esperaba que lo llevaran allí. El precio del ataúd, de la marca Promethean, fue de 25.000 dólares. Dentro del mismo, el cuerpo de Jackson reposaba ya vestido con un traje de sus diseñadores habituales, Dennis Tompkins y Michael Bush, y con su sempiterno guante en la mano derecha. El féretro era parecido, por cierto, al que en su día, en 2006, albergó los restos de James Brown. Jackson acudió a su último concierto: el que le brindaron los fans, su familia y allegados a él.

Oficiado por el pastor Lucious Smith y con montajes de música y vídeo que repasaron su vida entera, el acto disfrutó de la presencia de sus hermanos en primera fila, con trajes negros y corbatas amarillas. Y con un detalle: todos ellos también con un guante de lentejuelas blancas en homenaje a Michael. Allí acudieron

Brooke Shields, Usher, Stevie Wonder, Mariah Carey, Jennifer Hudson, Lionel Richie... El escenario, lejos de estridencias, escueto, con una gran imagen de Michael y un mensaje: «En memoria de Michael Jackson, el Rey del Pop, 1958-2009». El ataúd, entre la foto y un piano de cola. La luz, tenue.

Cantó un coro de góspel *Soon and very soon*, entró el féretro portado por los hermanos, y Lucius Smith habló emocionado diciendo que «se había ido demasiado pronto». Mariah Carey interpretó *I'll Be There* con Trey Lorenz y se marcó un solo a capella que impresionó. Berry Gordy, el fundador de la Motown, dijo que no había muerto el Rey del Pop, sino «el mayor artista que ha existido jamás». Y Stevie Wonder, sentado al piano, dijo: «Michael, te quiero. Te lo he dicho muchas veces».

Fue espectacular ver a Kobe Bryant y a Magic Johnson juntos, recordando a su amigo fallecido; Magic puso el punto reivindicativo: «Gracias a Michael por haber abierto tantas puertas a los afroamericanos». Magic, además, se refirió a los hijos del artista diciendo que tenían «la mejor abuela del mundo» y que iban a poder jugar con muchos tíos y primos. Y el reverendo Al Sharpton se dirigió expresamente a los tres hijos de Jackson y les dijo: «Nada de lo que hizo vuestro padre fue extraño. Lo extraño fue todo a lo que tuvo que enfrentarse».

Jermaine Jackson interpretó *Smile*, la canción de *Tiempos modernos*, de Chaplin, que era la película favorita de Michael. Y, cómo no, subida multitudinaria al escenario para interpretar al unísono *We are the world*. La familia, desde arriba, lanzó algún mensaje. Marlon dijo: «Quizás, Michael, ahora por fin, te dejarán en paz». Y Paris, la hija del artista, uno de sus ángeles, puso el punto y final más emocionante: «Solo quiero decir que, desde que nací, papá siempre fue el mejor padre que uno pudiera imaginar. Papi, solo quiero decirte que te quiero».

Aquello conmocionó al Staples Center entero, a los doscientos cincuenta mil fans que se congregaban en torno al pabellón y a los miles de millones que lo veíamos por televisión e internet.

Un tiempo después, como digo, tuvo lugar una ceremonia íntima que, de inicio, estaba prevista para el 29 de agosto de 2009, que habría coincidido con el día en el que hubiese cumplido cincuenta y un años. Tuvo lugar en el Glendale's Forest Lawn Memorial Park el 3 de septiembre, y allí estuvieron sus familiares,

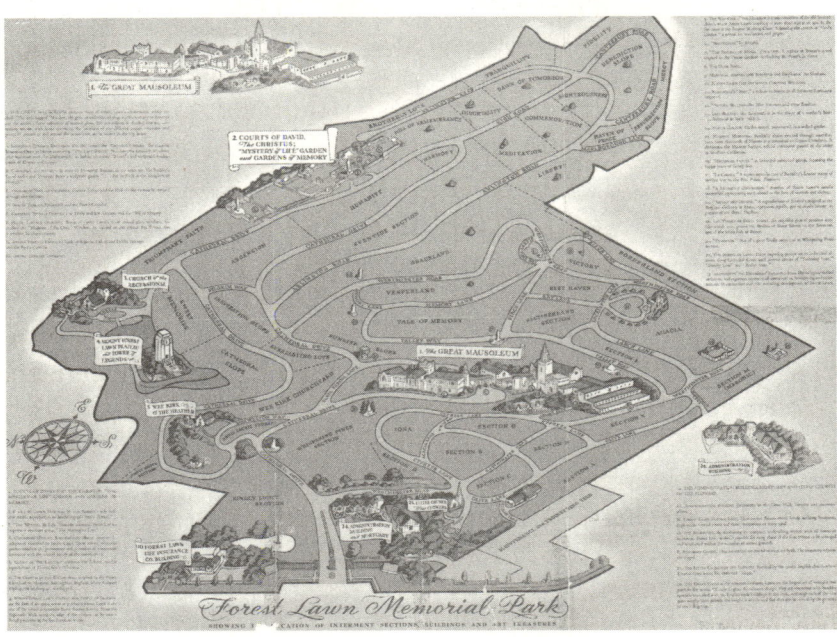

Arriba y en página siguiente, vistas de la sección «Holly Terrace» del Forest Lawn Memorial Park y mapa pictórico del parque (c.1950), de la biblioteca pública de Los Ángeles

su exesposa Lisa Marie Presley, y amigos como Elizabeth Taylor, Macaulay Culkin, Quincy Jones o Eddie Murphy, entre otros. Los tres hijos de Michael colocaron una corona de oro en el ataúd. Los hermanos vestían de luto con corbata roja.

Es una ceremonia suntuosa, que tiene algo de faraónico, de despedida íntima pero a lo grande, y las cifras así lo atestiguan, porque todo esto costó un millón de dólares, incluyendo los 590.000 dólares de la cripta para él en el Gran Mausoleo de Forest Lawn. Solo la factura de la floristería ascendió a los 16.000 dólares. La persona que coordinó todo el evento fúnebre cobró 15.000 dólares. Y allí descansa, en la sección de Holly Terrace, en una cripta que no está marcada, que se encuentra en una zona que no es accesible al público en general ni a los medios. La cripta imita el estilo de la arquitectura italiana del siglo XIII, con muros y suelos de hormigón armado. Cuenta con una capilla que alberga una réplica en mármol de *La Piedad*, de Miguel Ángel, y una vidriera gigantesca que reproduce *La última cena*, de Leonardo Da Vinci.

La verdad es que la familia dudó. Por un momento, pareció que Michael descansaría en Neverland, pero al final consideraron que el lugar se encontraba manchado para su memoria por las acusaciones de abusos sexuales. No ha sido fácil mantener a los fans lejos del lugar, y en julio de 2010 al cumplirse un año de su muerte, hubo que redoblar los esfuerzos en seguridad. No dejan de aparecer, pese a todo, flores, mensajes y objetos en su honor.

El juicio contra Murray

Ficha personal de Conrad Robert Murray

Nace el día 19 de febrero de 1953, en St. Andrews, Granada (Antillas).

Su padre, médico de profesión, se llamaba Rawle Andrews, y su madre Milta Murray.

Estudió en la Texas Southern University, y en Meharry Medical College.

Contrajo matrimonio en dos ocasiones. La primera con Blanche Murray, y la segunda con Zufan Tesfai.

Con su primera esposa tuvo dos hijos, y con la segunda, uno. Sin embargo, tiene más hijos de madres distintas.

En 2006 abre en Houston el Acres Home Heart and Vascular Institute. En diciembre de ese mismo año conoce a Michael Jackson.

— En el mes de mayo de 2009 es contratado por la promotora AEG Live para ser el médico personal de Jackson.
— 25 de junio de 2009, Murray se enfrenta a la muerte de Michael Jackson.
— 27 de junio de 2009, la policía de Los Ángeles lo interroga.
— El día 22 de julio se entrega una orden de registro para proceder en la clínica de Murray y en su residencia particular.
— En febrero de 2010 se presenta ante la Corte Superior del Condado de Los Ángeles, acusado por un cargo de homicidio involuntario, aunque él se declara inocente y sale bajo una fianza de 75.000 dólares.
— 27 de septiembre de 2011, comienzan los argumentos de apertura del juicio a Murray por homicidio involuntario.
— El día 7 de noviembre de 2011 el jurado encuentra a Murray culpable de homicidio involuntario.
— El 29 de noviembre Murray recibe la sentencia máxima de cuatro años de prisión. Murray apela, pero se le niega la libertad bajo fianza.
— El día 28 de octubre de 2013 Conrad Murray fue puesto en libertad por hacinamiento en la cárcel.

Conrad Robert Murray

Del mismo modo que avisé de que no estoy escribiendo una biografía sobre Michael Jackson, ahora quiero dejar claro que no voy a abrir en este capítulo un resumen detallado de lo que fue el juicio, más allá de ofrecer, como es evidente, un marco general. No es el lugar para detenerme en ese aspecto judicial, que llevaría su tomo aparte: sin ir más lejos, solo las sesiones que se televisaron del juicio, y de las que podemos disponer, suponen horas y horas de visionado y darían de sí para escribir un centón especializado, con comentarios de expertos judiciales, forenses, detectives... No lo descarto. Y lo titularía «Juicio a la muerte de Michael Jackson». Yo aquí, en la línea general del resto del libro, lo que deseo es destacar algunos de los aspectos que dejan claro, a mi entender, que Michael Jackson fue arrasado por un huracán que lo tuvo a él como objetivo. Y me detendré en la figura de Conrad Murray porque da de sí, porque es contra quien se mantuvo el juicio y quien, en definitiva, fue condenado por la muerte del cantante.

De modo que el Pueblo de California contra Conrad Robert Murray. En el Tribunal Superior del Condado de Los Ángeles y bajo el mando del juez Michael E. Pastor, se juzgó a Murray por la muerte de Michael Jackson, acusándolo en concreto de homicidio por sobredosis de propofol. Estamos en septiembre de 2011, el proceso se abre el 27 de septiembre y los dos fiscales David Walgren y Deborah Brasil, en su declaración de apertura, argumentan que el exceso de confianza que Jackson depositó en Murray le habría costado la vida.

Los abogados de Murray fueron cuatro: Edward Chernoff, Matthew Alford, J. Michael Flanagan y Nareg Gourjian, y sostuvieron que Michael se encontraba muy cansado por el efecto acumulado de los ensayos y que él, por su cuenta y riesgo, se había tomado ocho pastillas de lorazepam, el sedante. Su relato pasa por decir que Jackson fue el que se inyectó el propofol cuando Murray se ausentó. Dijeron que era habitual que Jackson no pudiera dormir, que por las noches comenzaba a sollozar al comprobar que una jornada más no podía conciliar el sueño, y que entonces comenzaba a rogar, a implorar a Murray, que le diera drogas y más drogas, lo que hiciera falta para poder descansar, aunque fuera mínimamente.

El personal de seguridad que testificó dijo que, cuando ellos entraron en la habitación, lo primero que hizo Murray fue pedirles que recogieran los botes de medicamentos antes de llamar a emergencias. Serán interrogados distintos pacientes anteriores de Murray en Las Vegas, y los enfermeros que llevaron a Jackson en la ambulancia, que afirmaron que en ningún momento percibieron ningún signo de vida en su cuerpo, desde que lo recogieron hasta que lo llevaron al hospital.

Yo me pregunto, quizá guiándome por la costumbre de no descartar ninguna opción por extraña que parezca, si Michael Jackson no murió antes y todo esto fue una especie de teatro, de escenario, a la espera de poder arreglarlo todo para dejar el asunto económico cerrado. Y es que, una década después, sigue llamando mucho la atención que la casa ni siquiera se precintara... Igual cuando acudieron los servicios de emergencias, Michael Jackson no estaba grave, sino muerto.

El 4 de octubre llaman a declarar a Nicole Alvarez, la exnovia de Conrad Murray. Actriz de Santa Mónica, es madre del más pequeño de los hijos de Murray y una de las tres mujeres con las que él habla por teléfono el día de la muerte de Jackson. Parece que Murray, siendo casado, mantuvo una relación fuera del matrimonio con esta mujer, que explicó en el interrogatorio preliminar que había conocido al doctor en el año 2005, mientras ella trabajaba en un club de alterne de Las Vegas como *stripper*. Murray le pasaba una pensión de dos mil quinientos dólares en concepto de manutención para el hijo. De la vida privada, relaciones amorosas e hijos del doctor Murray podríamos estar hablando durante horas, porque se le conocen siete hijos con seis mujeres distintas, pero vuelvo al interrogatorio de Nicole Alvarez, que confirmó que Conrad la llamó por teléfono, en efecto, corroborando la versión que él dio, y también contó que ambos tenían un apartamento en Santa Mónica que él mantenía. La noche en cuestión, Murray se fue al apartamento con ella y le contó todo lo que había ocurrido.

Otro de los expertos llamado es un informático que expuso el material relacionado con la póliza de seguros con Lloyds of London, donde queda claro que se expresó que Murray sería el médico de Jackson y que, como ya dije anteriormente, se exigía una revisión médica como condición para firmar el contrato. ¿Lo pasó? ¿Qué tipo de examen fue?

Se escuchó también la grabación de la conversación entre Jackson y Murray, cuando el artista le dice que quiere dedicar todos los beneficios de la gira para ayudar a los niños, construir hospitales... (la puede leer íntegra en el capítulo *El activismo de Jackson*). En el juicio se determina que la conversación queda muy poco clara, que el discurso de Michael es inconexo y que parece estar más cerca de estar dormido que de estar despierto.

Otro testimonio es el de la forense Elissa Fleak, que afirma que entró en la habitación y corrobora la presencia de los botes de propofol, de la botella de oxígeno, del resto de sustancias, y ofrece detalles muy exactos de la posición de cada uno de los objetos destacados.

Pero me llama la atención de esta declaración que dice que encuentra una jeringuilla con la aguja extraída y el catéter intravenoso en el suelo debajo de una bolsa. En este aspecto, esta declaración difiere del resto, de todo lo hallado por la investigación. Estamos en el quinto día de juicio, el 5 de octubre, y a mi entender, estamos ante una divergencia fundamental. No entiendo por qué no se destaca este punto. Es importantísimo pensar que existe un agujero negro, una zona oscura en el relato de lo hallado. Elissa Fleak estuvo acompañada por los policías todo el tiempo. De hecho, la defensa de Murray le pregunta si cree que ha existido el riesgo de alteración de las pruebas.

Imagen de la retransmisión del juicio contra Murray por la CBS

Sabemos que se manipularon y que después se fotografiaron, otra anomalía absoluta porque primero se toma la muestra fotográfica, antes de mover nada, para que quede constancia exacta de cómo estaba todo en la escena del crimen. Las muestras son inviolables, insisto, y esto es algo que no se mantiene en este caso. Vuelvo siempre a la idea de que todas estas circunstancias permiten pensar que hay algo más: se rompió la cadena de custodia, no se presta el cuidado que es necesario, la gente entraba y salía de la casa... El ambiente de recogida de pruebas está contaminado. Esto da pie a hacer verosímil cualquier teoría.

En cuanto a la pregunta por los análisis de orina de la botella encontrada en la habitación, se determina como anormalmente extraño que la presencia de propofol es mínima. Mis dudas acerca de si la orina era de Jackson se basan en los mismos argumentos de antes. Y es que, rota la cadena de custodia, todo entra en cuestión. El toxicólogo que comparece para hablar de todo esto es Dan Anderson, el mismo que realizó el examen después de la muerte. Sus palabras sellan las dudas en cuanto al estado en el que se encontró al cantante, porque dijo que se encontró tanto propofol como para haberlo sometido a una cirugía mayor. Y a esto hay que sumarle la efedrina, la lidocaína, el lorazepam...

El 7 de octubre es llamado a declarar el detective Scott Smith, que trabajó codo con codo con el detective Orlando Martinez, del que ya he hablado, y con el detective Dan Myers. En esta declaración se explicó que interrogaron durante dos días a Conrad Murray en el Hotel Ritz-Carlton de Los Ángeles, y que, ante las preguntas de Orlando Martinez, el doctor afirmó que Jackson y él se habían conocido en 2006. Dijo que el contacto se había producido de la siguiente manera: un guardia de seguridad, hijo de un paciente suyo, le pidió que se reuniera con Jackson, que tenía a sus hijos con gripe. Murray atendió a los niños y Michael, dijo él, quedó encantado con el trato que les dispensó. Pasado el tiempo, cuando después se requirió un doctor para la gira de AEG Live, Jackson lo habría propuesto a él. Pero para sorpresa de Murray, él no trabajaría a sueldo del artista, como había creído en un principio, sino contratado y pagado por la promotora. Se le contrata, pues, y dice que solía pasar seis noches a la semana con Michael Jackson ya que solo tenía libres los domingos.

El 11 de octubre declara el jefe de patología, el forense Christopher Rogers. Creo que, en este punto, Murray debió empezar a verlo todo perdido para su causa, abandonó toda esperanza, si es que alguna vez albergó alguna. Porque lo que Rogers afirma de forma categórica es que no daba crédito alguno a la teoría de que Jackson hubiese provocado su propia muerte. Por cierto, en este momento del juicio es cuando se pudo ver por primera vez de forma pública la fotografía del cadáver de Michael que ya he descrito antes.

La información cae en cascada porque se habla abiertamente de los problemas del cantante con el vitíligo, la artritis, la próstata... A su juicio, el uso del propofol fue totalmente indebido, y la causa más probable de la muerte fue una mala actuación por parte de Murray. Dijo que no se habían hallado en la habitación dosificadores para medir la cantidad de propofol que se inyectaba, y que, por lo tanto, la medición quedaba al albur de la estimación y el criterio del médico. Por cierto, él vuelve a hablar de jeringuillas, y no de agujas.

Un cardiólogo, los anestesiólogos... van hablando del propofol, de sus efectos, de las cantidades: yo creo que ahí la Fiscalía ya tiene el cerco bien alzado en contra de Murray y, de hecho, se emite

un vídeo final en el que se recopilan los supuestos errores u omisiones del doctor. No son pocos:
— Falta de equipamiento básico de vía aérea de emergencia.
— Falta de avanzados equipos de vía aérea de emergencia.
— Falta de aparatos de succión.
— Falta de una bomba de infusión intravenosa.
— Falta de oximetría de pulso alarmada.
— Falta de uso de un manguito de presión arterial.
— Falta de un electrocardiograma.
— Falta de capnografía.
— Incapacidad de mantener una relación médico-paciente.
— El hecho de no monitorizar continuamente el estado cerebral del paciente.
— Falta de monitorización continua de la respiración del paciente.
— Incapacidad de controlar continuamente la presión arterial y la oximetría del pulso y de tener monitores cardiacos.
— El hecho de no llamar a emergencias inmediatamente.
— La falta de registro al inicio del procedimiento. Y se anota: «Exagerado e inconsciente».
— La falta del mantenimiento del consentimiento informado por escrito («atroz e inconsistente»).
— La falta de documentación a lo largo del curso de la sedación («atroz e inconsistente»).
— La falta de aviso hacia emergencia y hacia el hospital sobre el uso del propofol y del resto del procedimiento seguido.

Estas diecisiete violaciones, pregunta la Fiscalía, ¿pudieron provocar la muerte de Jackson? La respuesta es clara.

Donna Norris es la que comparece para declarar y verificar que sí, que ella es la que recibió en el servicio de emergencias la llamada: se produjo a las 12:20 pm, tal y como tenemos constatado. Y desfilan por el estrado médicos que habían tratado a Jackson por diversos motivos durante años. El doctor Metzger Viniera destacó los problemas de hidratación que le había tratado en abril de 2009, con sus hijos presentes, por cierto. El artista le había avisado de que tenía que hacer cincuenta *shows*, que no se encontraba bien...

El doctor le incidió en la importancia de nutrirse e hidratarse correctamente, y le mencionó el tema del sueño. ¿Necesitaba medicación intravenosa para dormir?, le preguntó Jackson, que al parecer se mostraba muy preocupado porque ninguna medicación le funcionaba. Parece que le dijo que le vendría bien «el jugo», aunque el doctor aseguró que no supo a qué se refería Michael cuando hablaba de este «jugo».

La defensa de Murray intenta entonces que se admita como evidencia el contrato con AEG Live, supongo que a la desesperada ya, para establecer un vínculo entre las exigencias de la promotora y el estado de cansancio de Jackson y su obsesión por descansar a toda costa. Desde luego, el retrato que se hace de Michael en el juicio es devastador: un hombre que de alguna manera iba mendigando para que alguien le quitara el sufrimiento y le permitiera descansar. Así que, ante el intento de los abogados de Murray de llamar a Randy Phillips para que hablase del contrato, de AEG Live, el juez Michael Pastor dijo que era un testimonio que podría confundir al jurado: «Esto no es una disputa de contratos. Es un caso de homicidio».

Sumo el testimonio de Charilyn Lee, una de las doctoras a las que el artista habría pedido ayuda para conseguir el propofol. Dijo que un tiempo antes había recibido una llamada de alguien de seguridad de Jackson. Ella dice que escuchó al artista de fondo diciendo: «Dile lo que está mal, la mitad del cuerpo la tengo caliente y la otra la tengo fría». Lee le dijo que estaba lejos, en Florida, y que le recomendaba ir al hospital, pero que reconoció por lo que le contaron los efectos del uso del propofol. Y la doctora afirmó que él había intentado que le recetara el propofol, que era lo único que le permitía dormir, que los médicos le habían dicho que era seguro. Ella le respondió que ningún doctor haría eso en su casa.

Yo creo que a nadie le sorprendió, a tenor de cómo se había desarrollado el juicio, que el 29 de noviembre de 2011 Conrad Murray fuese declarado culpable de homicidio involuntario y sentenciado finalmente a cuatro años de cárcel, la pena máxima posible. De entrada, ya se avisó que el doctor cumpliría su condena en la prisión del condado y no en una penitenciaría estatal… debido al hacinamiento que imperaba en las cárceles de California. La defensa pidió que se le dejara en libertad bajo fianza basándose en la ausencia de historial delictivo, pero el juez Michael Pastor no lo consideró, y en su razonamiento de la sentencia se mostró muy duro con él, acusándole de haber mentido varias veces y de no mostrar sentimiento de culpa. Algunas frases, en efecto, son claras y descarnadas.

«No ha mostrado absolutamente ningún remordimiento. El tribunal ha determinado que la pena adecuada es la máxima de cuatro años de prisión. Porque abandonó a su paciente, que confiaba en él. El paciente era vulnerable. El doctor Murray mintió en varias ocasiones, tuvo un comportamiento deshonesto e hizo todo lo posible para cubrir sus transgresiones. Violó la confianza de la comunidad médica y de su paciente. No ha demostrado absolutamente ningún remordimiento, ningún sentido de la injusticia, y todavía es peligroso».

Acusación Conrad Murray

El día 3 de febrero de 2010, el Tribunal acusó de «homicidio involuntario» a Murray, utilizando como prueba el informe oficial de su muerte. Murray se declaró no culpable y pagó una fianza.
En 2011, Conrad Murray fue condenado a cumplir 4 años de cárcel. Cumplió la mitad de la condena y fue puesto en libertad en 2013, en el marco de un plan de Estado para reducir el hacinamiento en los centros de detención. Curioso.

Va a la cárcel y, en efecto, solo cumple dos años. En 2013 es puesto en libertad, saliendo a medianoche por la puerta de atrás de la prisión y en un coche de la policía. «Voy a comenzar mi vida de nuevo y, si Dios quiere, seré un modelo para demostrarle a la gente que, pese a la adversidad, la gente buena puede levantarse y triunfar, aunque les pasen cosas malas», dijo Murray justo antes de salir de la cárcel. Jermaine Jackson atacó al médico y a la decisión de ponerlo en libertad: «Así que matas a Michael Jackson y estás fuera en dos años, apesta. Nos duele. Todavía nos duele. Somos gente muy fuerte, pero somos humanos».

Déjeme dedicar algunas páginas ahora a la figura del doctor, que me resulta llena de interés y dobleces. Tiene mucha historia.

A Murray lo criaron sus abuelos, tiene una vida familiar fracturada. Él no conoció a su padre, que también era médico, hasta los veinticinco años. Murray se gradúa como médico, calificado *cum laude* en solo tres años, especializándose en cardiología. Abrió su consulta en Las Vegas y rápidamente se hizo con un buen nombre por el hecho de que no solo atendía a los más pudientes, sino que, siguiendo una tradición que ya le venía por parte de padre, se ocupaba de los más desfavorecidos. Parece que en su haber médico no hay hasta entonces quejas de él, pero sí de sus andanzas económicas, pues parece que arrastraba deudas de un alcance muy considerable. Esto hace que el sueldo de 150.000 dólares al mes por estar con Jackson se le antojara como una salvación. Hablo de un hombre que ha llegado a decir hace poco tiempo que él conoce la verdad sobre la paternidad real de los hijos de Michael Jackson, y que, si ellos se sienten preparados y acuden a él, les contará toda la verdad. A mí me parece una declaración extemporánea, fuera ya de contexto, pero habrá que estar pendientes porque con estas figuras y en mitad de esta historia, las tramas pueden crecer en cualquier momento sin que eso pueda sorprendernos.

Un episodio sí que me parece reseñable, y es el que se refiere al hijo de Conrad Murray y Nicole Alvarez, y la supuesta fascinación de Jackson por el niño, que se llama Che Giovanni Murray. Pues bien, el doctor Murray ha admitido que nunca dejaba que Che se quedara solo con Michael Jackson, porque desde el primer momento le resultó llamativo y no le gustó la reacción del cantante con él, hasta el punto de que llegó a pedirles una foto del crío y colocarla en su habitación, en uno de sus pianos.

Decía que le inspiraba. «Cuando Michael le conoció, le encantó, al igual que la foto que le dimos, que se guardó en su habitación y la colocó en el piano para mirarla a diario. Le gustaba especialmente su pelo, le pasaba los dedos por el pelo y nos decía que lo tenía muy bonito. Nunca lo dejamos solo con el niño, su madre no lo hubiese permitido».

Se sentía incómodo, sin ninguna duda, pero a la vez Murray dice que sigue sin creer que los juguetes o las fotografías de niños hallados en casa de Michael tuviesen ningún fin pornográfico. «Vi las imágenes de la investigación policial y me dije: "Lo que se están inventando". Es una broma. El dormitorio de Michael siempre había tenido esa pinta, lleno de fotos de niños y de muñecas que sus fans le enviaban o que él mismo compraba. Le gustaba coleccionar cosas. Era algo normal, vivía así. Nunca le vi abrazarse a las muñecas o hacer algo fuera de lo común. Nunca tuve constancia de que usara nada de eso con fines pornográficos».

En fin, Conrad Murray es el colofón de una vida, la de Jackson, llevada más allá de los límites. Este hombre nació en Granada, en las Antillas Menores, en el Caribe, en 1953, y se crio con sus abuelos maternos hasta que, con siete años, se traslada junto a su madre a Puerto España, en Trinidad y Tobago. A su padre no le conoció hasta que tuvo veinticinco años. Se trataba de Rawle Andrew, también médico, que murió en 2001 y que se dedicó prácticamente a tratar a los más pobres. Murray trabajó como empleado de aduanas y en una aseguradora para conseguir dinero y poder ir a la universidad. En 1973 se muda a Houston, Texas, y asiste a la Texas Southern University, completando sus estudios en Nashville, Tennessee, en el Meharry Medical College, que por lo visto fue el mismo lugar al que fue su padre. Trabajó en medicina interna en Rochester, Minnesota, y se especializó en cardiología en la Universidad de Arizona.

Se estableció como cardiólogo en Houston y abrió una segunda clínica en Las Vegas, Nevada. Y allí es donde conoció, en 2006, a Michael Jackson. Su fama de médico atento, respetuoso y de buen trato era bien conocida. Pero una vida que le había llevado a tener siete hijos con seis mujeres distintas lo había llevado a acumular letras de hipotecas y unos gastos de manutención inasumibles. Sus deudas ascendían a unos 400.000 dólares, y en esas circunstancias es cuando se le ofrece trabajar durante nueve meses con Jackson, a razón de ciento cincuenta mil dólares al mes. Era su salvación, a pesar de que quedaba muy por debajo de su pretensión económica inicial: pidió cinco millones de dólares, algo que a los promotores de la gira les pareció desproporcionado. El sueldo final lo obtuvo después de la mediación de Jackson.

Este es el hombre que fue a la cárcel por matar a Michael Jackson. Caso cerrado. ¿Caso cerrado?

Antes de que pase al siguiente capítulo, le señalo un breve resumen de lo que fue el interrogatorio policial de Conrad Murray, y que fue utilizado en su juicio.

Lo más relevante del interrogatorio policial hecho a Conrad Murray (y los documentos)

Página 9:

Dr. Murray: No. Le conocí por primera vez en 2006, con un amigo paciente, que era uno de sus guardias de seguridad, y me preguntó si podría verle a petición, porque no se sentía bien y quería ver a un doctor.
Dr. Murray: Había un brote de gripe familiar entre él y sus hijos. Ellos estaban tosiendo y con la nariz goteando, y parecían deshidratados, y no estaban descansando suficiente en ese momento.

Página 10:

(le preguntan durante cuánto tiempo trató a la familia en 2006)
Dr. Murray: Un poco, sobre unos dos meses.
Dr. Murray: Me llamó el secretario del señor Jackson. Su nombre es Amir.
... me contó que iba a hacer un tour de conciertos en Inglaterra y al señor Jackson le gustaría mucho que fuera parte del viaje y estuviera en los conciertos, y si estaría de acuerdo en eso. Y yo dije, «bien, necesito más detalles sobre eso».

Página 11:

Detective Martínez: ... Los medios informaron que usted no trabaja para el señor Jackson, sino que trabaja para AEG, ¿es esto correcto?
Dr. Murray: ¿Cómo definirlo...? Bien, el señor Jackson me pidió estar en su equipo. Yo hablaba directamente con el señor Jackson, me ofreció empleo, y yo era de la opinión de que él era mi empleador directamente. Subsiguientemente al aceptar eso, me di cuenta de que AEG sería el único pagador del salario que pedí. Así que ese fue el arreglo.
Por eso usted era un empleado de Michael Jackson pero pagado a través de AEG, ¿es así?

Página 12:

Dr. Murray: Hablando en general, él no era una persona que comiera mal (refiriéndose a Jackson). Él era muy delgado. Sabía que probablemente estaba viendo a otros médicos para otras cosas, pero no me lo contaba, la verdad.

Página 13:

Dr. Murray: Fui avisado telefónicamente por Amir, secretario de Michael, quien me hizo saber que Mr. Jackson estaba terminando *el ensayo en el tiempo previsto. Miré mi reloj cuando me llamaron. Eran sobre las 12:10, 12:10 a.m. y dije que les vería en casa.*

Página 14:

Dr. Murray: No algunas noches. Pasé todas las noches (se refiere a qué noches pasaba él en la casa de Jackson).

Dr. Murray: Con la excepción de la noche que libro, que era los domingos.

Detective Martinez: ¿Fue por razones médicas o solo porque le hacía sentir mejor, que usted pasase la noche?

Dr. Murray: Fue por petición del señor Jackson.

Página 15:

Dr. Murray: Me llevó un tiempo y llegué a la casa sobre las 12:50, cerca de la 1:00 en punto.

Dr. Murray: ... Él tenía dos habitaciones en la casa. Fui a la habitual y le esperé allí a que llegara.

Dr. Murray: Llegó sobre la 1:00, 1:05.

Página 16:

Dr. Murray: ... «Buenas noches, hola. ¿Cómo estás?» «Oh, cansado y fatigado, me tratan como a una máquina...», dijo eso. «Pero déjame solo darme una ducha rápida y cambiarme, y vuelvo».

Página 17:

Dr. Murray: Nadie tenía permiso para entrar en la otra habitación de la izquierda.

Le pregunté sobre eso y era típico que, en cualquier sitio en el que viviera, él siempre tuviera dos zonas (habitaciones).

---

like this in my life. Go. Go. I've never seen nothing like this. Go. It's amazing. He's the greatest entertainer in the world." I'm taking that money, a million children, children's hospital, the biggest in the world, Michael Jackson's Children's Hospital. Gonna have a movie theater, game room. Children are depressed. The – in those hospitals, no game room, no movie theater. They're sick because they're depressed. Their mind is depressing them. I want to give them that. I care about them, them angels. God wants me to do it. God wants me to do it. I'm gonna do it, Conrad.

CM: I know you would.

MJ: Don't have enough hope, no more hope. That's the next generation that's gonna save our planet, starting with – we'll talk about it. United States, Europe, Prague, my babies. They walk around with no mother. They drop them off, they leave – a psychological degradation of that. They reach out to me – please take me with you.

CM: Mmnh-mmnh.

Página 18:

Dr Murray: Primero de todo, él no confía en la gente que viene a su habitación, porque me dijo que había perdido cosas anteriormente. Y su habitación estaba siempre en mal estado, incluso a los limpiadores no se les permitía entrar. Por eso yo no entré nunca en esa habitación.

Página 19:

Dr. Murray: No, él no era capaz de dormir de forma natural. La vía que le ponía era para que durmiese.
Detective Smith: ¿Por deshidratación?
Dr. Murray: Hidratación también...
Hablamos un poco y le di la medicación para ayudarle a dormir.

Página 20:

Dr. Murray: ... La vía se la ponía a la derecha o la izquierda, en la pierna derecha o izquierda, pero debajo de su rodilla.
... Él tomó Valium, una píldora de 10 mg, oralmente.

Página 21:

Dr. Murray: Lorazepan.

Página 22:

Dr. Murray: Sí. La concentración de 4 miligramos por mililitros en el vial, y el vial que lleva de 10 centímetros cúbicos. Entonces le di la mitad de un miligramo, equivalente a 2 miligramos en total...

Página 23:

Dr. Murray: ... Hay un punto para inyectar una aguja.
... sobre 2 o 3 minutos.
Le observé y él continuó despierto durante más de una hora.

MJ: I want to do that for them.

CM: Mmnh-mmnh.

MJ: I'm gonna do that for them. That will be remembered more than my performances. My performances will be up there helping my children and always be my dream. I love them. I love them because I didn't have a childhood. I had no childhood. I feel their pain. I feel their hurt. I can deal with it. Heal the World, We Are the World, Will You Be There, The Lost Children. These are the songs I've written because I hurt, you know, I hurt.

(13 seconds: silence)

CM: You okay?

(8 seconds: silence)

MJ: I am asleep.

(RECORDING ENDED HERE.)

Página 24:
*Dr. Murray: ... Y después de una hora viéndole, él estaba totalmente despierto.
... entonces le di midazolam, de nombre comercial Versed.*

Página 25:
Dr. Murray: le di 2 miligramos.... se lo inyecté de forma lenta.

Página 26:
*Dr. Murray: sobre las 2:00h en punto.
Detective Martinez: sobre las 3:00, 3:00 de la madrugada.
Dr. Murray: No funcionó. Seguía totalmente despierto.*

Página 27:
Dr. Murray: a las 3:00 en punto. Entonces sus ojos se cerraron y cayó dormido. Después de 10 o 12 minutos.

Página 28:
*Detective Martinez: Entonces durmió durante 10-15 minutos. (Refiriéndose a Jackson.)
Dr. Murray: ... «Debo estar listo para el show en Inglaterra. Y mañana tendré que cancelar mi actuación. Tengo que cancelar mi viaje, porque, tú sabes, no puedo funcionar si no duermo».*

Página 29:
Dr. Murray: El Ativan. Entonces le di otros 2 miligramos de forma lenta, después de dos horas y media.

Página 30:
Dr. Murray: Oh sí. Todavía a las 7:30 el señor Jackson estaba totalmente despierto. En ese momento le di otros 2 miligramos de Versed, no de lorazepan.

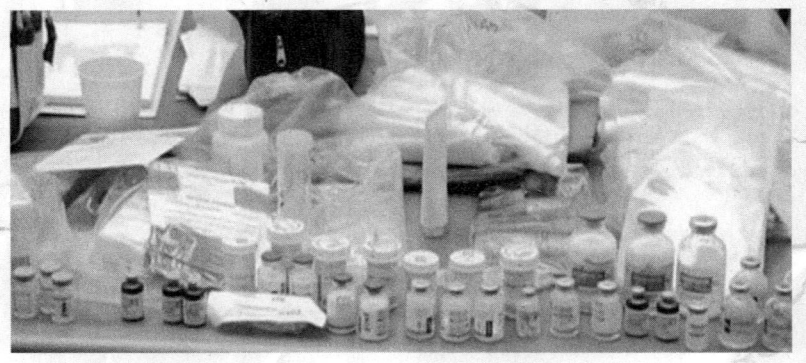

Página 32:

Dr. Murray: Él orinó entonces... 700 centímetros cúbicos de orina. Él orinó.
.. Ahora estamos alrededor de las 10:00 en punto de la mañana.

Página 33:

Dr. Murray: ... lo que estoy haciendo no... y él deberá cancelar el día, cancelar el ensayo; todo se va a caer, perdido... en ese momento él me dijo: «querría algo de leche».

Dr. Murray: ... me dijo: «Por favor, por favor, dame algo de leche para que pueda dormir, porque sé que es lo único que me funciona realmente».

... se llama propofol.

Página 34:

Dr. Murray: Es un sedativo que puede ser usado como anestesia.
Dr. Murray: Se puede dar vía intravenosa también. Normalmente a la mayoría de los pacientes se les da la cantidad en base a su peso.

Página 35:

Dr. Murray: ... y me dijo, «solo hazme dormir, no importa a qué hora me despierte».... «no puedo funcionar si no duermo».

Página 36:

Dr. Murray: 25 miligramos... lo diluí, debía diluirlo, y normalmente lo diluía con lidocaina, porque si no, da una sensación abrasiva en los vasos sanguíneos.

Página 38:

Dr. Murray: como bien, saben, se durmió.
... Desde que empecé a verle, me aseguré de que hubiera oxígeno junto a la cama, le colocaba el oxígeno cada noche vía nasal, por cánula y medida de oxígeno en el pulso, con un tubo de plástico que fijaba en su dedo de la mano o el pie. Miraba que el corazón del paciente latiera de forma dinámica.

Página 39:

Dr. Murray: La dosis y el goteo. No la misma dosis en este caso, porque yo le he dado antes Versed. Le había dado el Ativan muchas veces antes de esa noche. Y yo sé que su vida media no es tan corta como el lorazepam. Le daría una dosis mayor.

Página 40:

Dr. Murray: ... La mayor dosis... sobre 50 miligramos.

PÁGINA 41:

Mr. Chernoff: ¿Más de 10 veces? (darle propofol.)
Dr. Murray: Sí.
Dr. Murray: Muchas más de 10 veces.

PÁGINA 42:

Dr. Murray: Dos meses.
Detective Smith: Usted ha administrado más de 10 veces.
Dr. Murray: 30 días al mes, más o menos, cada día.
Detective Martinez: Diariamente.
Dr. Murray: Diariamente, con la excepción de tres días antes de su muerte. Yo traté de quitarle la dependencia.
Dr. Murray: No sabía que Michael Jackson lo tomaba diariamente, pero estaba algo sorprendido de su conocimiento farmacológico (sobre la pregunta de que el propofol lo tomaba diariamente). Él me explicó que lo había tomado muchas veces. Él solía usarlo en sus giras. Le había sido dado por muchos doctores.

PÁGINA 46:

Dr. Murray: sus venas estaban convirtiéndose en coágulos, como rellenas de coágulos y secas... Sus manos estaban escleróticas del mucho uso de intravenosas a lo largo del tiempo.

PÁGINA 47:

Dr. Murray: (le preguntó a Jackson) «¿Cuál es tu historia con la doctora Lee, y qué pasó?» Él dijo «bien, no era profesional». Solo me dijo que le llamó porque su hijo estaba enfermo, y me dijo que le llevara a urgencias, que ella no podía.

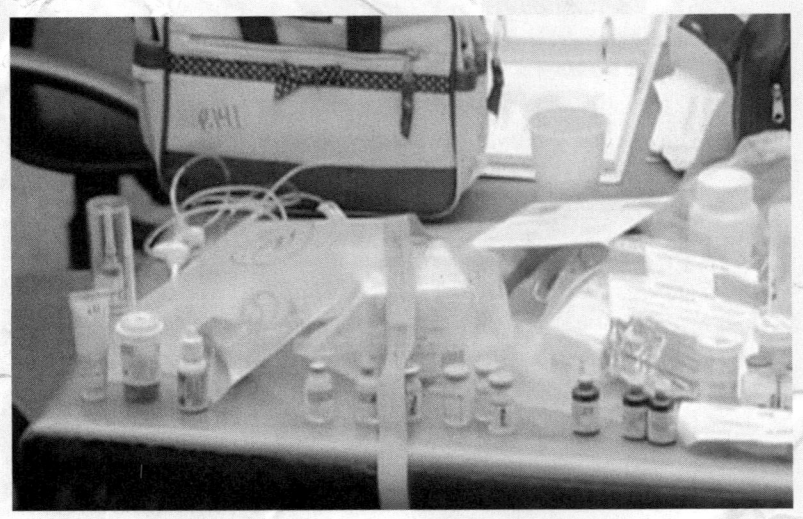

Página 53:
Dr. Murray: Llamé a Michael Jackson. Le dije, he hablado con el Dr. Adams. Me dijo que podía tener el producto que quieres. Es muy familiar para él, por Adams, dijo «Oh sí, conozco a Michael. Conozco a Michael muy bien. A él siempre le va bien el Diprivan. A él le encanta ese fármaco».

Dr. Murray: Leche. No le llamó leche. Solo dijo «me encanta ese fármaco». «Leche» se lo llamó luego.

Página 61:
Dr. Murray: Él me quería siempre cerca. Y quería abrir un Hospital para niños, donde los niños de todo el mundo pudieran venir y ser tratados. Y él quería que fuera el director médico, no para tratar a los niños, sino para ayudar a contratar especialistas y gestionar todos los departamentos necesarios.

Página 63:
Dr. Murray: El cayó dormido rápidamente, yo diría. Pero no roncaba. Normalmente, si duerme profundamente, ronca.

Le monitoricé. Me senté allí y le observé durante un largo periodo hasta que me quedé tranquilo. Entonces tuve que ir al baño. Fui al baño para orinar y también consideré el retirar algo de su orina que había puesto en los orinales. Entonces volví a su cama y me quedé sorprendido en el sentido de que él no respiraba; yo siempre miraba su pecho, y el movimiento del diafragma y todas esas cosas. Miré el pulso en el oximeter y su corazón latía a 122 latidos.

Página 64:
Dr. Murray: Me fui, diría, durante 2 minutos.

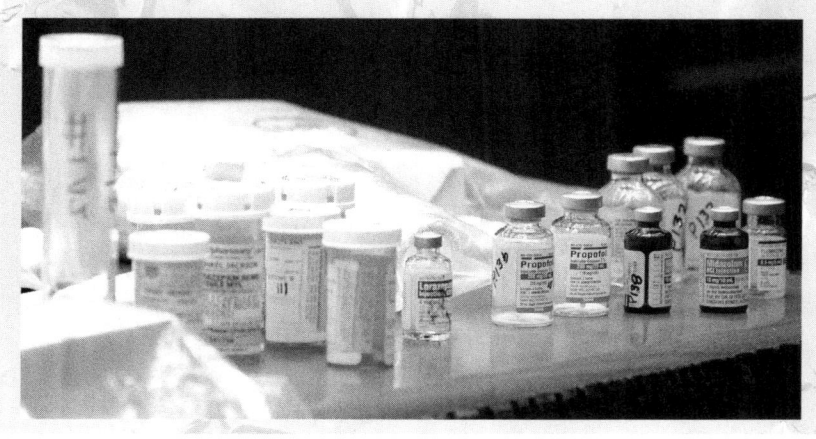

Página 65:

... Por eso, empecé inmediatamente a realizar CPR y respiración boca a boca.

Dr. Murray: y la clave es que él no respiraba, quería estar seguro de hiperventilarle y de comprimirle... Entonces con las compresiones del pecho, y suavemente, fui hiperventilándole. Vi su pecho elevarse bien y caer. Me di cuenta de que estaba hiperventilando e insuflándole oxígeno. Y entonces cambié a realizarle CPR.

Página 66:

Mientras hacía esto, miré el teléfono. Ningún teléfono en la casa funciona, porque Michael Jackson lo quería así. De hecho, cambiaba de teléfono móvil constantemente.

Su cama está bien firme, pero no lo suficientemente firme para que fuera efectivo el CPR. Entonces puse su mano izquierda bajo su cuerpo, y le comprimí con mi mano.

... La casa se cierra. Por la noche, solo sus hijos, él y yo, estamos dentro.

Página 67:

Los servicios de seguridad no entran en la casa ni siquiera para usar el baño. Ellos van a la gasolinera de la esquina. Siento que es un tanto inhumano, y esa semana le hablé y le dije que, al menos los de seguridad, deberían tener acceso al baño de invitados, porque cuando uno sale, al menos hay dos por la noche.

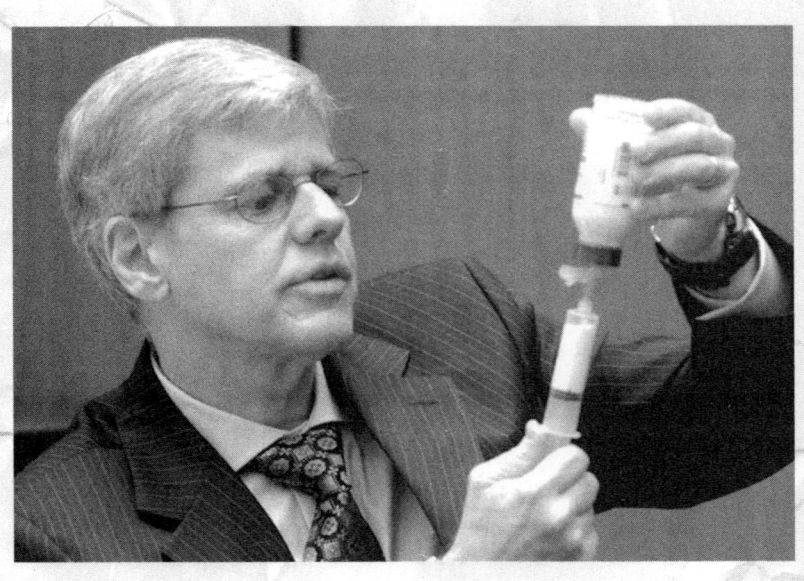

PÁGINA 68:
Alcancé mi teléfono móvil y llamé a su secretario, el número que yo tenía como, «hermano, Michael». Le dije, «Hermano, Michael, tienes que enviar a seguridad a la habitación del señor Jackson inmediatamente. Tenemos un problema».
Entonces no tenía pulso. Puse sus piernas sobre su corazón, para realizar una autotransfusión.

PÁGINA 69:
Rápidamente tomé una jeringuilla y tomé flumazenil... Le di 0,2 miligramos de flumazenil a través de la vía venosa.

PÁGINA 70:
Pero seguía sin respirar.
Compresión de pecho. Abrí la puerta, corrí y giré a la izquierda y bajé hacia la cocina, donde suelen estar los de seguridad. Y cuando llegué abajo de las escaleras, vi a la cocinera cocinando. Su nombre es Rose. Le dije: «Tengo una emergencia. He llamado a seguridad para que vengan inmediatamente».
... Le bajé de la cama y le puse sobre el suelo, que tiene una superficie más firme.

PÁGINA 71:
Le dije: «Tenemos un paciente que no respira» «¿Cuántos años tiene?» Yo dije que 50 años, porque no sé su edad.
... El operador dijo que ellos estaban en camino. Colgó. Hice respiración boca a boca hasta que llegó la ambulancia.
No respiraba. Estábamos haciéndole compresión de pecho. Le intubaron. También nos dimos cuenta de que su ritmo era lo que llamábamos PEA (Actividad Eléctrica sin Pulso).

PÁGINA 73:
Detective Smith: ¿Nunca se usó el desfibrilador?
Dr. Murray: Nunca. No se debe usar para eso. Soy cardiólogo. Lo sé.

PÁGINA 74:
Pero pensé, como doctor, que UCLA dando órdenes era muy lento. Sabes, íbamos muy lentos...

PÁGINA 75:
Dr. Murray: Quiero decir que yo quería al señor Jackson. Él era mi amigo. Se abrió a mí de distintas maneras. Y le quería ayudar tanto como pudiera.

PÁGINA 76:

Dr. Murray: Yo continué CPR. epinefrina, atropina, bicarbonato. Acceso vía venosa. El fluido había desaparecido. Quiero decir, continué con las compresiones de pecho profundas en la ambulancia. Lo intentamos, lo intentamos durante al menos 1 hora.

PÁGINA 79:

Dr. Murray: Él murió. Ellos dijeron, «Bien, ¿hay algún doctor que vaya a firmar el certificado de muerte?» Y dije, «Yo no querría firmar el certificado de muerte del señor Jackson cuando no entiendo la causa de su muerte», y por ello recomendé que se debía realizar autopsia. De ahí viene mi recomendación.
... Lo recomendé.

PÁGINA 80:

Dr. Murray: El señor Jackson era mi amigo. Le quería. Quiero decir que tuvimos una muy buena relación. Y después de unirme a su equipo, sentí estar en una situación en la que mi paciente quería de forma regular, frecuente, tomar Diprivan todas las noches. Ese no podía ser mi propósito para estar en el equipo. Estaba allí para ayudarle. Intenté ayudar al señor Jackson. Estaba intentando desengancharle del propofol.

PÁGINA 81:

Dr. Murray: Tres días antes de su muerte, yo empecé a intentar desenganchar al señor Jackson del propofol.

Página 82:
Le dije: «Bien, yo creo que necesitamos usar agentes menos duros, no como el propofol, para ayudarte y tratar de ver si podemos desengancharte de él». Empecé 3 días antes. 72 horas antes.

Página 84:
En la segunda noche, que fue la noche anterior a su muerte, no le di «leche». Pensé que estábamos realmente consiguiendo algo. Tomó lorazepan y Versed, solamente.

Página 87:
Dr. Murray: Era ahora muy importante consolar a la señora Jackson, la madre de Michael. No la conocía. Pero cuando llegó al hospital, lo primero que pensé es cómo darle la noticia. Sabía que sufría del corazón (expliqué cómo debían darle la noticia).

Página 89:
Mi siguiente cuestión fue «¿dónde están los hijos?». No sabía que habían traído a los niños al hospital. Me dijeron que estaban en otra habitación y estaban comiendo.

Página 91:
Les pedí que prepararan el cuerpo del señor Jackson poniéndolo de la forma más presentable que fuera posible, porque yo recomendé que le hicieran la autopsia.

Página 92:
(Sobre los familiares que llegaron, La Toya...) Me preguntaron si sabía de qué había muerto, y les dije que no.

Página 93:
Detective Chernoff: ¿Estaba su padre allí entonces?
Dr. Murray: No.
Detective Chernoff: ¿No?
Dr. Murray: No, él nunca vino.

Página 100:
Dr. Murray: Él no bebía, no comía. Siempre contaba que su madre tenía que forzarle a comer cuando era niño. Por eso, no le gustaba lo de picar. Y lo que comía, cuando comía, era en su mayoría pollo y arroz.

Página 101:
Dr. Murray: Después de tantos años bailando, él tenía callos muy grandes en sus pies y me pareció que serían muy dolorosos cuando bailaba. Llamé al podólogo para que viniera a casa. Le quitó los callos y su dolor despareció.

Página 117:

(encontraron marihuana en su dormitorio)
Detective Martinez: Bien, la marihuana que se encontró era muy vieja. De hecho, se había podrido.
Detective Smith: Estaba en una maleta, en un armario, guardada.

Página 118:

Dr. Murray: No sé si fumaba (tabaco).

Página 119:

Dr. Murray: Usaba demasiada colonia.

Página 121:

Detective Smith: La noche que ocurrió todo en la casa del señor Jackson, su última noche, ¿usted utilizó jeringuillas, diferentes jeringuillas o una sola jeringuilla fue usada cuando se la inyectó en la vía intravenosa? (Le inyectó Metzger.)
Dr. Murray: Sí, una jeringuilla para eso.
Detective Smith: Una jeringa fue usada para varias medicaciones que le dio, o...
Dr. Murray: No, yo tenía...
Detective Smith: Cada vez fue una...
Dr. Murray: No, yo tenía 2 jeringuillas, y allí las dejé, por si las necesitaba de nuevo.

Página 122:

Detective Smith: ¿Qué hizo con las jeringas cuando las usó?
Dr. Murray: Normalmente mis bolsas están junto a mí. Todo lo que uso, lo pongo rápidamente en bolsas, y saben, lo pongo en el armario, porque él no quiere que haya cosas por ahí.
Detective Smith: ¿Dónde está la bolsa con las jeringas ahora?
Dr. Murray: No las tengo.
Mr. Chernoff: Pensé que las había dejado allí.
Dr. Murray: Sí, lo hice.
Detective Smith: ¿Dónde? ¿Dónde las dejó?
Dr. Murray: En el mismo dormitorio en el armario, donde siempre están.

Página 123:

(Le preguntan sobre las bolsas que había dejado)
Dr. Murray: 3 bolsas. Había tres bolsas. Una es una pequeña azul de marca Costco.

Caso cerrado. O no

El caso de la muerte de Michael Jackson, al igual que ocurre con los grandes asuntos donde se mezclan el crimen, la muerte, la fama, la conspiración… promete seguir abierto de cara a la opinión y al interés del gran público durante mucho tiempo. Esto ocurre no solo por la magnitud del personaje, que como ya hemos visto desde el principio convertía en llamativo todo cuanto tocaba —y su muerte no iba a ser menos—, sino por la misma existencia de preguntas que se siguen haciendo.

Los juicios dejan sentada cuál es la verdad judicial, pero la opinión pública no funciona así, sino que el interés subsiste mientras no se dan evidencias. Se suele decir en investigación que la ausencia de prueba no prueba la ausencia, es decir: que existan dudas razonables no demuestra que toda teoría de la conspiración se convierta de manera automática en cierta. Pero en esta ocasión, imagino que usted me permitirá exponer las dudas que me sigue despertando el caso, porque después de tantos años de estudio, datos, declaraciones y juicios, todavía hay puntos que aclarar, a mi juicio.

Duda 1

Si Murray fue contratado por AEG Live, que le pagaba 150.000 dólares al mes, se observa una deficiencia en el momento en el que no aparece contrato alguno. No es normal, es un punto negro que este contrato no estuviera en regla, desde el primer momento, sin ofrecer controversia alguna.

De hecho, la productora AEG Live y la aseguradora Lloyds mantuvieron diferencias importantes cuando la primera activó el procedimiento para cobrar el seguro después del fallecimiento de Jackson, precisamente por no tener este contrato de Murray en regla, firmado.

Duda 2

Hay algo que me inquieta: si Murray hubiese tenido la seguridad de que él fue el que había inyectado esa cantidad desproporcionada de propofol, yo dudo mucho de que él mismo animara a la familia de Jackson, como animó, a que practicase una segunda autopsia. Salvo en el supuesto de ser cabeza de turco consentido, es decir: salvo en la hipótesis —que yo sé que se ha llegado a barajar— de decir que Conrad Murray sabía que todo este asunto acabaría en un juicio y que él sería declarado culpable. O sea, que solo sería verosímil que él cometiera ciertos desmanes a sabiendas si, y solo si, todo obedecía a un plan preestablecido para asumir una culpa a cambio de algo —dinero, entiendo, mucho dinero. Eso cuadraría desde luego con su pronta salida de la cárcel. Él se negó a firmar el parte de defunción, recuerdo, porque no se atrevía a afirmar por qué se había producido la muerte.

Duda 3

En cuanto a la aparición en escena de los servicios de urgencias, sigo sin entender por qué, si cuando llegan a la mansión ya perciben que el cuerpo no presenta signos de vida, acceden a llevárselo al hospital como si estuviese vivo. Más bien pareciera que existe una intención de que no muera en la casa, da la sensación de que existe una voluntad encaminada a que Jackson muriese en el hospital.

Duda 4

Y, sobre todas las dudas que me hacen pensar que el caso no está cerrado, vuelvo a insistir en uno de los aspectos cruciales: la falta de seguridad de las pruebas, la dudosa procedencia de las pruebas, de todo el material recogido en la casa, porque la mansión no se precintó, repito y repetiré hasta la saciedad, luego la escena del crimen —hablamos de un homicidio— no quedó a resguardo de todos los que entraban y salían del lugar. Las pruebas que se recogen están contaminadas. Se rompe la cadena de custodia. Esto invalida el resto de la investigación, porque no se tiene la certeza de que alguno de los materiales incautados como pruebas nos esté brindando datos certeros.

Duda 5

En cuanto al asunto de la jeringuilla, insisto también en la distinción entre jeringuilla y aguja. Y no consta que se sacaran las huellas dactilares de este material. En un ambiente de recogida de pruebas contaminada, esto me hace sospechar aún más. Y, más aún, si tengo en cuenta el interrogatorio policial a Conrad Murray, el que ha podido leer en el capítulo anterior, justo en el recuadro, concretamente en la página 122 del interrogatorio, donde puede leerse con claridad meridiana entre líneas la angustia de Orlando Martinez, el oficial de policía encargado de la investigación por la muerte de Jackson, y el autor del interrogatorio a Murray, que le pregunta con insistencia sobre las jeringuillas que ha utilizado y «¿dónde, dónde las dejó?».

Y, este punto me parece más que importante. Relevante sería la palabra. Porque en la medida que he ido entrevistando a personas para este libro, algunos me insistían que las dos jeringuillas utilizadas por Murray se habían encontrado y aportado en el juicio de su acusación. No, esto no es así. Hemos visto que hay testimonios contradictorios en esto. Y, mientras unos hablan de dos jeringuillas, otros hablan de una y, algunos, hasta las confunden con las agujas, que no estaban en la escena. También me he encontrado con otros que me han asegurado que a las jeringuillas no se les extrajeron las huellas dactilares. Mire, si le digo la verdad, allí hubo un lío tremendo. Se encontraron jeringuillas en un armario a las que, efectivamente, no se les tomaron las huellas dactilares. No había aguja, las que había no estaban usadas, y cuáles fueron las jeringuillas utilizadas durante esa noche —y debido a las contradicciones policiales y forenses que todavía hay (me refiero a los diferentes informes oficiales de ambas partes)—, continúa siendo un misterio. Vuelvo a remitirme a la página 122 del interrogatorio policial. Hombre, por favor. Usted cree que hay un hombre muerto, una sospecha de homicidio, y si hay una jeringuilla —en teoría, el arma homicida—, la policía científica no va a sacarle las huellas dactilares. Venga ya.

De todas formas, la escena del crimen, por una u otra razón, estuvo abierta a todos los que por allí pasaron, antes de la llegada de la policía: personal de seguridad, de servicio, el médico, los paramédicos... y vaya usted a saber quién más. Sospecho y, creo que con razón, que ese fue el motivo por el que no se precintó. Ya no hacía falta. Fuese lo que fuese lo que hubieran encontrado allí, se había tocado, manipulado o hecho desaparecer. Así lo veo.

Duda 6

Y un punto a considerar: Michael Jackson comienza a producir dinero a raudales una vez que ha muerto. Tenía una deuda que ascendía a unos quinientos millones de dólares y, una vez desaparecido, se convierte de nuevo en una gallina de los huevos de oro, como en sus mejores tiempos. El móvil económico, razón de tanta muerte, se nos ofrece aquí más tentador que nunca, como es obvio. Reitero, Michael Jackson valía más muerto que vivo.

Duda 7

Tampoco me acaba de quedar claro qué papel cumple Conrad Murray en los intentos de reanimación. Por lo visto, Michael estaba siendo atendido por él y solo por él. ¿Cómo es que se la practicó en la cama? En la llamada de emergencias se pregunta que quién está realizando la reanimación, y le dicen que el médico y en la cama, y desde emergencias le dicen que hay que ponerlo en el suelo.

Conrad era cardiólogo, y un buen médico, según testifican sus pacientes. Por supuesto que él sabía que la reanimación a una persona en la cama no daba los mismos resultados que sobre una superficie dura. Es totalmente imposible que Murray no supiera eso.

En su declaración a la policía, Murray dice que lo puso sobre el suelo, y después volvió a subirlo a la cama. ¿De verdad estaba reanimando a alguien vivo...?

Duda 8

Una duda más: la llamada de días antes de Michael a la doctora Lee. No entiendo para qué la llamó Jackson si ya estaba siendo atendido por Conrad Murray. Si tenía algo que pedir al médico, ¿qué mejor que su propio galeno, contratado en exclusiva para atenderlo en todo momento y ocuparse de él?

Duda 9

No consigo entender todavía cómo es que Michael supuestamente pasara el examen médico que exigía la aseguradora. Ya hemos visto los resultados de las autopsias. Es absolutamente imposible que en ese estado él consiguiera pasar satisfactoriamente ningún examen médico. Por no añadir que, si en efecto era adicto a estas sustancias, tantas y en tanta cantidad, algo de esto tendría que haber salido en el análisis de sangre del reconocimiento de la aseguradora. Vamos, con toda seguridad.

Duda 10

El detective Orlando Martínez firma una declaración jurada en la que detalla todas sus acciones en la investigación. Esto ya lo he dicho antes, lo sé, pero esta duda me perturba. Se me ocurre pensar que por ponerse a resguardo de las contradicciones que se pudieron dar en los registros. Me resulta llamativa, en todo caso, esa declaración.

Duda 11

Es muy extraño que se tardase tanto tiempo en llamar a los servicios de emergencia, desde que Jackson da la primera señal de alarma y no consigue despertar hasta que alguien llama por fin. Ni el doctor, ni nadie de la casa… Desde las once y cinco hasta las doce y veinte… Es incomprensible de todo punto.

Duda 12

Y algo más: ¿por qué no les dicen a los receptores de la llamada a emergencias que se trataba de Michael Jackson? ¿Qué había que ocultar? Pues, tal vez, la edad me está haciendo demasiado desconfiada, o puede que sea más perspicaz. No lo sé. El caso es que, si uno todas las dudas, todo esto me hace pensar en posibilidades como que él no murió en ese lugar ni en ese momento.

Duda 13

El cadáver de Jackson, desde el hospital hasta la morgue, es trasladado en helicóptero, por cierto. Tampoco entiendo el motivo de la elección de este medio de transporte. Si soy bien pensada, que me cuesta en este caso, lo achacaría al miedo a que los fans interceptaran la ambulancia en el trayecto. A decir verdad, esto me parece poco probable.

El anuncio de la muerte lo dio Jermaine —hermano de Michael—, pero ningún médico del hospital lo acompañó para dar datos profesionales de cómo y por qué se había producido el deceso. Tengo entendido que es una práctica habitual que alguien del equipo médico haga de portavoz en estas cuestiones, y dé su versión médica de la muerte. Por favor, era Michael Jackson. Todo el mundo estaba pendiente. Raro.

Dudas, dudas, dudas. Han pasado diez años, y los datos no cuadran.
¿Caso resuelto?

PARA IR TERMINANDO

En el programa de Iker Jiménez *Cuarto Milenio*, en un especial sobre la figura de Michael Jackson, el famoso investigador me preguntó: «¿Crees que su muerte se debió a una conspiración?», y mi respuesta fue que no hubo una, sino muchas conspiraciones en torno a esta muerte. Y a esta vida, tengo que añadir. Conspiraciones políticas, mediáticas y económicas.

Ya hemos visto: cuando la muerte le llega, en Jackson solamente encuentra a un ser consumido. Estrujado, como he dicho. Con cincuenta años, sobrepasaba apenas los cincuenta kilos. Y además halló a un hombre juzgado por la sociedad a pesar de que los tribunales lo habían declarado inocente. Encontró a un ser devastado por el éxito. Por la fama. Explotado desde la infancia. Hasta por el miedo, podría llegar a decir. No maduró. No llegó a hacerse mayor. Era un niño cincuentón.

De modo que, por duro que suene, podemos decir que Michael Jackson retomó su inocencia con la muerte. Solo con la muerte. Como si se tratase de una dádiva final. Ahora que él baila con la luna, que camina por la luna al fin, aquí yo he querido arrojar luz sobre una biografía que se desarrolló bajo tantos focos que bien pudo pasar desapercibida en algunas de sus líneas fundamentales. Michael Jackson danzó sobre las alfombras de la fama y esta acabó con él.

Iker Jiménez y la autora de este libro, Concha Calleja, en Cuarto Milenio

Si algo me ha quedado claro después de este trabajo es que Michael Jackson tuvo la mala suerte de tener éxito. Llegó a la muerte con el cuerpo gastado, machacado, propio de alguien mucho más mayor. La lista de sus dolencias da para ocupar un curso entero en la Facultad de Medicina. Y todos esos dolores y cicatrices vitales fueron la consecuencia de cada uno de sus triunfos. Si su padre no llega a ver en él una cualidad especial y no lo hubiese sometido al régimen espartano de ensayos y trabajos... Si Michael hubiese podido disfrutar de una infancia de niño normal, con sus parques, sus amigos, sus juegos, sus caídas y heridas... ¿acaso después la vida le habría resultado tan extrema?

Cuanto más alto subió, más lejos quedó de la normalidad, del olor del pan, del calor del sol sobre su piel, de ver pasar una mañana de primavera... Conozco a muchas personas que ansían el éxito, sobre todo a muchas que identifican el hecho de triunfar con el de ser conocido, salir en los medios, conseguir fama... Y Michael parece un faro, una advertencia: el éxito puede matar, ese tipo de éxito, esa cara de una moneda que no es que tenga una cruz, es que te aplasta. Al menos, eso sí, es lo que le ocurrió a él. Según mi visión, obviamente.

Las quemaduras sufridas durante la grabación del anuncio en los ochenta, las enfermedades de la piel, los devastadores efectos del juicio moral a que se vio sometido por las acusaciones de

abusos de menores, el miedo a ser eliminado, la ruina económica que se le fue acumulando en forma de deuda insostenible, el círculo vicioso en que se convirtió todo cuando se fue arruinando, y no conseguía trabajar debido a sus problemas con la justicia. Y, con su imagen, la fijación con él por parte de los medios de comunicación, que solo supieron o quisieron sacar una de sus facetas, como si no hubiese más puntos de vista, más caras de la verdad, más Michael. Todo eso es lo que hace que, año a año, el cuerpo de Michael se convierta en un puro dolor.

Y así llegó a 2009, con una carcasa digna de conmiseración, con un cuerpo que ya no funcionaba, y ahí están los datos de la autopsia para comprender que su precaria salud se encontraba acorralada por varios y temibles frentes. Justo en el momento en el que el éxito y sus representantes más le exigen: cincuenta conciertos en unos cuantos meses, cuando probablemente no estuviese en condiciones de afrontar ni siquiera un ensayo más.

A todo esto, quiero añadir lo que ya dije en el capítulo en el que hablo de Jackson como un objetivo: él fue una persona inconveniente para muchos. En concreto, para lo que se ha dado en llamar el *establishment*, un término con el que se identifica de manera más o menos etérea al sistema, «a los que mandan», esa expresión tan sutil, tan poco tangible. Todo lo que él decía era dotado de inmediato de un alcance mundial, de modo que no es lo mismo que él en una canción cante en Salvador de Bahía que los poderosos no tienen en cuenta a los pobres a que lo diga otro, pongamos por caso, un cantautor en un local de Madrid. Guste o no, cada palabra de Michael Jackson se convertía en titular global. Y él encarnó a un activista incansable y muy convencido de la causa de la igualdad entre negros y blancos, de las necesidades de los niños que sufrían, y ahí está el hospital que montó en Neverland, el hecho de que la indemnización de la Pepsi lo destinara por entero a la unidad de quemados o que estuviese pensando que los beneficios de *This is it* fuesen destinados a la salud de los niños más pobres. Jackson era una denuncia, era el *We are the world*, un bofetón con su guante de pedrería en la cara de muchas instituciones poderosas. Y esto, de nuevo, lo convierte en objetivo.

En cuanto a los medios de comunicación, ya he hablado de la manera en la que apenas se conoció un relato de todas las circunstancias de la vida de Jackson que estuviese exento de la manipulación. La prensa encontró en él al personaje ideal, a alguien a quien se le podían atribuir las historias más inverosímiles, alguien al que le quedaba bien el traje de extravagante y que soportaría cualquier acusación. Y no digamos ya cuando llegaron las acusaciones de abusos de menores: ni siquiera el no llegar a juicio en los noventa sin asumir culpa alguna o ser absuelto de todos los cargos le valió para sacudirse el desprestigio que lo marcó para siempre.

Porque Michael Jackson, más allá de toda investigación, sentencia, veredicto, prueba o indicio, fue declarado culpable. Y fue declarado culpable de antemano y a perpetuidad. Solamente la muerte pareció devolverle cierto halo de inocencia de nuevo, y solo para algunos, porque otros le siguen considerando culpable de todo.

Pero lo cierto es que una vez que ha muerto Jackson, se necesita un culpable que arrojar a las muchedumbres: seguidores, medios de comunicación, curiosos y hasta a sus contrarios. Y ahí estuvo Conrad Murray para cumplir a la perfección con el ingrato papel. Yo creo que a tenor de lo que conocemos, que no es poco, se puede decir que está acreditado que no se trata de un mal médico, a pesar de sus problemas acuciantes en lo económico. Pero repito: cumplió con eficacia el rol de homicida, pasando por la cárcel mucho menos tiempo del que fue sentenciado.

La familia de Michael sigue pensando en su asesinato. Por un motivo económico. ¿Conspiración, pues? Sí que podemos entender una manipulación de los medios —conspiración mediática. Y sí un movimiento contrario por parte del *establishment* —conspiración política. Y económicamente, valía mucho más muerto que vivo —conspiración económica. De modo que Jackson no fue un objetivo, sino muchos a la vez. No hubo una conspiración para acabar con él, sino muchas. Confluyen en su persona demasiados intereses, titánicos además, cualquiera de ellos suficientemente grande como para poner en marcha operaciones turbias. Jackson comenzó a morir el día que comenzó a triunfar, porque como he defendido desde el principio, el éxito le cobró su factura desde el inicio, y no hubo nada en su vida bueno que de inmediato no conllevara un peso, un doble filo, un perjuicio. Por lo tanto, considero que a Jackson lo mató, no la muerte, sino la vida. Y que de su muerte salieron muchos beneficiados, quizá muchos de los que ya no pudieron seguir sacando tanta rentabilidad de su vida. Jackson temió por su vida durante muchos años, eso lo tenemos bien constatado, pero al final la muerte lo acogió en sus brazos como una estación de descanso. Si al menos sus hijos no lo hubieran visto agonizar...

No consiguió hacer su última gira y, sin embargo, su sombra tardará mucho tiempo en extinguirse de los escenarios. Y de los libros de investigación.

Michael Jackson fue culpable hasta que no se demostró su muerte. Y el culpable —o los culpables— verdaderos de su muerte, porque los hay, aún están por señalar. Ese día, volveré a este libro.

Por ahora... *This is it!*

Madrid, España 2019
Salvador de Bahía, Brasil 2017

Y MÁS...

Mis referencias

Hemos llegado hasta aquí, y espero que sus conclusiones sean claras. No importa que estemos de acuerdo o no lo estemos. Lo importante aquí es que haya dispuesto del material suficiente para sacar las suyas propias.

Y no espere que aquí le revele mis fuentes, no pienso hacerlo. Ni siquiera las más mezquinas. Esas también me las callo. Faltaría más. Sin embargo, para la parte documental, aunque son muchos los datos, numerosos los documentos, y demasiados los archivos, voy a decirle los archivos que más he utilizado. Así que espero haber hecho una selección decente. Lo he intentado, al menos. Le destaco los más relevantes:

— Archivos policiales
— Declaración jurada de Orlando Martínez
— Office of the Legal Attache American Embassy, London, England
— Department of Motor Vehicles, State of California
— County of Los Ángeles, Department of Coroner Investigator
— Forensic Science Laboratories
— Federal Bureau of Investigation

Sobre los documentales, he visto muchos, pero con más detenimiento:
— *This is it*, de AGE, Live.
— *Living with Michael Jackson*, de Martin Bashir.
— *Living with Michael Jackson, Take two : The Footage You Were Never Meant to See*, de Maury Povich.
— *Leaving Neverland*, de Dan Reed.
Y de los libros:
— *Moonwalk*, de Michael Jackson.
— *Confesiones de Michael Jackson*, de las cintas del Rabino Shmuley Boteach.

Y, voy a decirle más. Adelantándome a lo que sé que ocurre cuando estoy en presentaciones, o impartiendo alguna conferencia, y me refiero a la pregunta de cómo he hecho las investigaciones del libro, le dejo un pequeño resumen, que es en el que yo me baso, y no en este libro, sino en todos. Con todo y, como siempre, sigo aprendiendo. Y, también agradeciendo: agradezco este libro a todo aquel que me lo ha puesto fácil en la investigación, a los anónimos que no menciono, porque no quieren —o porque no quiero—, pero que estuvieron ahí. A mi familia, por supuesto. Ellos también saben quiénes son, digo.

A mi marido, mi Nacho, que cito expresamente porque es parte de este libro, del *staff* de este libro: fotógrafo, traductor, y hombro. Todo en uno. Como también es parte de él Manuel Valera: él se ha encargado del sonido —por si no se ha dado cuenta, este libro tiene banda sonora—, y sus consejos están en los altares de mi trabajo.

Así escribo

Escribir un libro basado en hechos reales, ya sea novelado o no, requiere mucho esfuerzo, y una gran organización.

Son muchas las personas que me preguntan qué técnicas utilizo, cómo llevo a cabo mi investigación y, sobre todo, por dónde empiezo cuando la página está en blanco. Más aún cuando el libro está a años luz de serlo, y solo existe una idea embrionaria.

Bueno, pues en mi caso —tengo que personalizar esto, porque cada escritor o investigador tiene su propio método—, yo divido el proceso en tres fases:

Con Iker Jiménez, en el especial de Michael Jackson, en Cuarto Milenio

— FASE UNO: Investigar
— FASE DOS: Escribir
— FASE TRES: Publicar y promocionar

Lo que le digo con esto es que, para mí, escribir es la fase dos del trabajo, lo que resultará de haber hecho una buena fase uno.

En otras palabras, el libro ya terminado es el producto de mi trabajo, y hay una gran diferencia con el proceso de trabajo que realizo previamente para alcanzar el objetivo de entregar el libro que quiero al lector.

El camino hasta que empiezo a escribir está repleto de lecturas previas, recopilación de documentos, estudio, llamadas, visitas a archivos, fotografías, entrevistas, comparativas y viajes.

Tengo la obsesión de pasar por todos los espacios de los que hablo en mis libros e investigarlos a fondo. Le digo más, cuando leo que un personaje central de mi libro usa un perfume determinado, tengo que olerlo, y si cocina tal o cual cosa, tengo que cocinarla. Me inspiro utilizando los cinco sentidos. Así me resulta más fácil.

Me gusta recrearme en el ambiente, en el lugar de los hechos y conocer absolutamente todo lo que pueda del —o de los— personaje, para realizar los perfiles.

Todo este proceso es lo que yo llamo la fase uno, y es precisamente de la que le voy a hablar ahora para que usted pueda verlo —o ponerlo en práctica, si quiere. Así que aquí le dejo unas notas de mi método de investigación, dividido en 5 pasos y, partiendo de que lo primero, que es la idea, ya la tengo, en su caso, la deberá poner usted.

FASE UNO: INVESTIGACIÓN

ORGANIZACIÓN

PASO 1. Mis manías

Primero: Suelo preparar el material con el que me gusta trabajar. No es nada complicado, pero si no tengo todo lo que preveo que voy a necesitar, suelo bloquearme. Así que, lo primero que hago es comprar:
- Lápices con goma arriba
- Bolígrafos de cuatro tintas (aunque parezca una tontería, me evita tener encima de la mesa un montón de bolígrafos con diferentes tintas)
- Subrayadores fosforescentes de cera (los que no se secan y permiten subrayar en todas las posiciones)

— Una libreta pequeña (de las que se abren en vertical) para tomar notas fuera del despacho, o en los viajes. Otra libreta tamaño DIN-A4 (también de las que se abren en vertical), que utilizo cuando empiezo a componer piezas.
— Una Moleskine pequeña que me sirve de diario del viaje (ahí voy apuntando dónde he estado, qué he comido, los lugares y archivos que he visitado...).
— Una caja de clips, dos pinzas grandes y dos medianas, para papeles.
— Gomas elásticas para agrupar algunos documentos voluminosos.
— Dos carpetas de fundas donde voy organizando todos los documentos.
— Tres archivadores revistero que utilizo para guardar todo lo que voy recopilando y que no se me extravíe entre la montaña de papeles y documentos que voy acumulando.
— Una caja de papel blanco para impresora.
— Una caja de papel reciclado.
— Un paquete de hojas de colores (por si quiero imprimir algo que necesito destacar).
— Tres rotuladores verdes, y tres rojos, para las correcciones.
— Cinco paquetes de *Post-it* grandes (cada uno de un color) cinco pequeños, y otros cinco para señalar.

SEGUNDO: Hago una puesta a punto del despacho (generalmente cuando he terminado un trabajo, el despacho queda bastante perjudicado). Me preocupo de que todo lo antiguo quede bien archivado, vacío la cubeta de «cosas para hacer», e intento quedarme lo más libre posible de gestiones. Esto para mí es importante. Me libera.

TERCERO: Durante el proceso de investigación y escritura, vivo volcada en mi trabajo. Me encanta, así que no es un sacrificio, pero sí limita mucho la vida social (pareja, amigos...). Intento evitar que me suceda esto, por lo menos de forma exagerada, así que aviso a los más cercanos —ya acostumbrados—, y les digo que comienzo el proceso.

Por otro lado, me pongo un horario de trabajo que suelo respetar. No importa el que sea, lo importante es ser riguroso en el cumplimiento.

Cuarto: En la fase de investigación, no hay nada predecible. Hay mucho trabajo de despacho, pero también mucho fuera de él. Incluso, muchos viajes. Sin embargo, en el paso 5 de la investigación —y en la fase de escritura—, el despacho es el santuario, el laboratorio, el gabinete donde todo tiene que cobrar vida. Entonces, aun respetando el horario de trabajo, paso mucho tiempo ahí dentro. Para mí, ese paso 5 es clave, porque es donde suelo escoger y rechazar los documentos con los que voy a sustentar mi historia.

Durante el tiempo que dura ese paso 5 —y fase de escritura—, suelo comer en casa. Así que cuando empiezo, me preparo con antelación los menús e ingredientes que voy a realizar durante varias semanas, y visito el supermercado para tener lo esencial y que esa rutina no me distraiga o, peor aún, que la ansiedad del trabajo haga que asalte la nevera sin pensar. Le aseguro que en este paso es importante alimentarse bien.

Quinto: Me impongo hacer algo de ejercicio. No importa cuál, pero hay que obligarse a practicar alguno. A veces opto por una tabla sencilla de media hora, y otras por caminar una hora, o bien ir a la piscina. Da igual cómo, pero con tantas horas sentada, es de obligado cumplimiento ejercitarse un poco.

PASO 2. Mis deberes

EL PLAN DE TRABAJO

Hay escritores que escriben directamente, que no necesitan más. Para mí es necesario hacer un plan de trabajo, aunque este vaya variando a medida que avanza mi investigación.

La tarea de hacer un libro de investigación lleva en sí un fatigoso proceso que incluye la recopilación de datos, cifras, documentos, testimonios... Y la verificación y veracidad de todos.

Es imprescindible ponerse un plazo orientativo para terminar el trabajo. Si existe un contrato editorial, el tiempo nos lo darán ellos, pero si no es el caso, es bueno fijar una fecha límite para no caer en la dispersión.

Estos son algunos de los pasos que no me salto:

Justificación: Mi primera pregunta cuando un tema empieza a apasionarme, siempre es ¿por qué?

Mi despacho

— ¿Por qué el tema tiene interés?
— ¿Por qué la versión oficial de lo sucedido me presenta tantas dudas?
— ¿Por qué veo necesario investigarlo?

Con las respuestas que he dado, suelo identificar cuál será el aporte o la novedad que pretendo lograr con mi trabajo. Y, ahí, entra la última pregunta: ¿qué puede aportar un libro sobre ese tema?

Hipótesis: Para mí es una de las partes fundamentales del trabajo. Es el hecho que deseo probar.

La pregunta que me hago es ¿qué quiero probar exactamente?

Es evidente que la hipótesis (la respuesta que he dado) no pueda demostrarla en su totalidad, o bien, que me sea preciso su modificación a medida que vaya avanzando con la investigación, incluso que surjan nuevas hipótesis. Sin embargo, el plan de trabajo bien diseñado admitirá todos los cambios que sean precisos.

MÉTODO: «Cada maestrillo, su librillo», pero mi método es este:

— Documentación accesible: Reviso todos los datos que se encuentren publicados sobre el tema (artículos, libros, revistas, diarios...) Todo lo recopilado lo clasifico y lo ordeno en el archivo.

— Documentación oficial: Localizo, y busco la manera de obtener copia de todos los documentos oficiales que tengan que ver con mi tema (informes médicos, informes policiales, informes judiciales, informes económicos, datos del censo, cartas, fotografías...).

— Documentación de testimonios: Son las fuentes. Las personas protagonistas, o no, que tienen información sobre el tema. Selecciono, e intento hablar con todas.

A partir de la documentación obtenida, y el minucioso estudio de la misma, suelo hacer una lista de las fuentes que me serán necesarias para obtener, o corroborar, la información que me falta o quiero probar.

ORDENAR IDEAS: Con la documentación que ya he conseguido hasta aquí, me hago un interrogatorio por escrito, con una serie de preguntas (básicas para cualquier periodista), con las que detengo todo el proceso de investigación hasta que he conseguido el máximo número de respuestas: quién, qué, dónde, cuándo, por qué y cómo. Con las respuestas a estas preguntas me aseguro de haber cubierto todos los elementos más importantes de la historia que quiero contar.

Según la complejidad que tiene mi investigación, esas preguntas me las hago de diferentes formas.

QUIÉN:
— ¿Quién está involucrado?
— ¿A quién le afecta?
— ¿Quién tiene información?
— ¿Quién está en conflicto con la historia?
— ¿A quién le interesa?

Escribiendo en mi despacho

Qué:
- ¿Qué sucedió?
- ¿Qué sucedió según la versión oficial?
- ¿Qué he descubierto?
- ¿Qué quiero contar?

Dónde:
- ¿Dónde sucedió?
- ¿Dónde debo ir para estar en el lugar (o lugares) de los hechos?

Cuándo:
- ¿Cuándo sucedió?
- ¿Cuándo tuvieron lugar los hechos más relevantes (antes y después de suceder)?

Por qué:
- ¿Por qué es importante esta historia?
- ¿Por qué ocurrió?
- ¿Por qué interesará a los lectores?

Viaje de trabajo. Investigando para un nuevo libro

Cómo:
- ¿Cómo ocurrió?
- ¿Cómo esta historia ha podido cambiar acontecimientos futuros?
- ¿Cómo puedo resumir lo que quiero contar en un solo párrafo?

En el lugar de los hechos. Para mí es indispensable acudir al lugar —o lugares— donde sucedieron los hechos. Me da igual que estos ocurriesen hace un mes o cien años. Necesito estar ahí. En el lugar hago fotografías, pregunto... me meto de lleno en la historia. Siempre, siempre me ha dado resultado.

Este proceso es largo, no tiene un tiempo determinado porque dependerá muchísimo de la facilidad con la que encuentre todo el material que necesito.

Cuando ya tengo toda la documentación recopilada y clasificada, inicio una exploración profunda del conjunto. Tomo nota para el archivo de todos los antecedentes sobre el hecho, y las personas que estuvieron involucradas para después, cuando todo está bien

Delante de la casa de Jorge Amado en Salvador de Bahía, donde Michael Jackson graba su famoso vídeo Don't Care About Us. *Todos recuerdan ese día*

estudiado, programar nuevos testimonios, y recabar nuevos datos que en un estudio más periférico se me habían pasado por alto.

En muy pocas ocasiones los documentos que he obtenido originan en sí una noticia. Generalmente les doy vida cuando los estudio, cuando comparo las conclusiones oficiales con las evidencias...

PASO 3. Mi escenario

EL VIAJE

Preparar un viaje parece obvio, pero antes de salir para investigar un tema, me gusta asegurarme de que en el momento más oportuno no me faltará ninguna herramienta necesaria. Nada me resulta más incómodo que llegar al escenario que he planificado y descubrir que no dispongo del material necesario en ese momento.

Con Manuel Pimentel y Manuel Valera presentando Diana, réquiem por una mentira

Antes de partir:

Investigo sobre las personas que voy a visitar. Hacer una entrevista sin saber con quién vas a hablar es un error descomunal.

Preparo una ruta de todo el viaje. Si este incluye diferentes ciudades, hago otra con cada una de ellas.

Me informo de la legislación vigente en el país sobre archivos y documentos gubernamentales y privados.

También me informo sobre las reglas y procedimientos de la policía y tribunales.

Tengo una pequeña mochila (impermeable, ignífuga, con cargador de móvil incorporado, y con candado de seguridad), en la que llevo el ordenador portátil, libretas, bolígrafos, marcadores, *Post-it*, unos prismáticos pequeños, cargador, y una batería extraíble.

En una Molesquine que suelo utilizar para cada viaje (después las guardo en los archivos), especifico los nombres, contactos y datos de interés de las personas que quiero entrevistar. Junto a los nombres, suelo anotar por qué es importante hablar con cada uno de ellos.

Presentando Diana, réquiem por una mentira

En el escenario:

Aquí depende mucho de si es el escenario de una entrevista, o un escenario específico que deseo documentar. En líneas generales, lo que suelo hacer es:

Anoto todas las ideas que se me ocurren en el escenario, y de qué lugar exactamente provienen.

En la Molesquine voy anotando cada día el avance de la investigación (dónde he estado, a quién he visto, qué material gráfico he realizado (o he conseguido), dónde he dormido y comido (esto también me sirve para llevar la contabilidad de la investigación). Soy muy precisa con las anotaciones. La credibilidad es el activo más importante que se puede tener al publicar una investigación, y la precisión en la fase previa es la mejor forma de proteger esa credibilidad.

Fotografío todo lo que puedo.

Soy mala dibujante, pero cuando no me dejan fotografiar, suelo hacer algún bosquejo del escenario.

Antes de ir a dormir paso a limpio todas las notas, y ordeno las fotografías y documentos conseguidos. Después, repaso lo

En la Feria del libro de Frankfurt

que tengo que hacer al día siguiente, y modifico algunos planes en función de lo que he conseguido durante el día (siempre hay modificaciones).

PASO 4. Mi análisis

PERFILES

Soy escritora, pero también soy Perito Judicial en Psicología Forense. Esto siempre lo tengo presente en mis investigaciones, no puedo evitarlo.

Además, me gusta incluir —o utilizar—, los perfiles psicológicos en mis trabajos. Conocer la personalidad de las personas involucradas en mi investigación me ayuda a entender mejor sus acciones, y también a resolver ciertos aspectos. Esto se complica muchas veces cuando la persona en cuestión ha fallecido, o bien es inaccesible. No obstante, hago el perfil con los datos de que dispongo como fruto de la investigación —que suelen ser muchos. Aquí tengo en cuenta absolutamente todo, hasta lo más

Presentación del libro en el hotel Villa Padierna de Marbella. Un éxito de convocatoria

insignificante, como puede ser sus gustos culinarios, su perfume, su forma de vestir... su letra, su firma, sus extravagancias (si las hay), lo que piensa de sí misma, lo que dicen los demás sobre su persona, sus relaciones personales (familia, pareja, amigos), sus antecedentes médicos, lo que hace (o hacía)... Todo ello lo anoto en una ficha y, poco a poco, voy construyendo su perfil. Funciona.

PASO 5. Mi conclusión

EVALUAR y ORDENAR

Cuando doy por concluido el proceso de investigación, comienzo la evaluación de todos los documentos.

Si he hecho bien el trabajo, lo normal es que, llegado este momento, me encuentre con una mesa de despacho sobre la que tendré una cantidad excesiva de documentos. Cantidades monumentales de papeles que tengo que filtrar, desechar y ordenar.

Este paso es muy importante porque es la documentación que utilizaré para elaborar mi historia, pero también es la

Firmando libros de Diana, réquiem por una mentira

documentación que me servirá para acreditarla. Organizarla bien no solo evitará que me pierda entre montañas de documentos, sino que me resultará muy útil para echar mano de todos los datos cuando empiece con la fase tres y tenga que promocionar mi trabajo.

Primero: Separo la documentación por bloques: entrevistas, diario de viaje, documentos oficiales, material gráfico, tarjetas de visita...Y pongo nombres a cada uno de los bloques (generalmente por lo que son), para poder identificarlos fácilmente.

Segundo: Si la documentación oficial no la tengo digitalizada, la escaneo y la guardo en una carpeta raíz a la que llamo «Investigación "nombre"», y de esa misma carpeta voy añadiendo otras para ordenar en ellas todo el material digital, incluyendo el material de hemeroteca que he conseguido.

Con algunos de mis libros publicados

TERCERO: Me aseguro de que las carpetas que he abierto en mi archivo digital, y los archivadores físicos y carpetas de fundas que voy a utilizar para ordenarlo todo, están a mano para empezar la selección.

CUARTO: Reviso y leo, uno a uno, todos los documentos de cada bloque, y señalo lo más relevante de cada uno de ellos.

QUINTO: Esa revisión me permite seleccionar lo que de verdad es importante. Descarto el resto de información y la archivo aparte. Generalmente pongo un título que me permita identificar que no la estoy utilizando para este trabajo.

SEXTO: Archivo el resto de documentación, conservando los mismos bloques, pero ahora ya seleccionados y subrayados.

SÉPTIMO: Una vez todo archivado, vuelvo a revisarlo y a leerlo todo, pero esta vez con ojo más crítico. Es frecuente que rehaga parte del archivo, incluso que me deshaga de alguna parte del material que en esta segunda revisión decido desechar.

Octavo: Hago un índice de todo lo que tengo. Suelo ponerle titulares que resuman el contenido.

Noveno: Clasifico todo el material gráfico poniendo los pies de fotos y las fechas. No importa lo que ponga siempre y cuando, con una sola frase, me permita identificar dónde está hecha la foto, por qué, y cuándo. Si después la utilizo para el libro, suelo cambiarle el texto, aunque en mi archivo permanece el original.

Hago lo mismo con los planos y cualquier otro material gráfico que tenga.

Décimo: Con todo esto a punto, ya estoy preparada para pasar a la FASE DOS: Escribir.

Concha Calleja
www.conchacalleja.com

Objetivo Michael Jackson,
en su primera edición, se terminó de imprimir, por encargo de la Editorial Arcopress, el 25 de junio de 2019, día del décimo aniversario de la muerte del Rey del Pop.